大都會文化
METROPOLITAN CULTURE

大都會文化
METROPOLITAN CULTURE

要做事
先做人

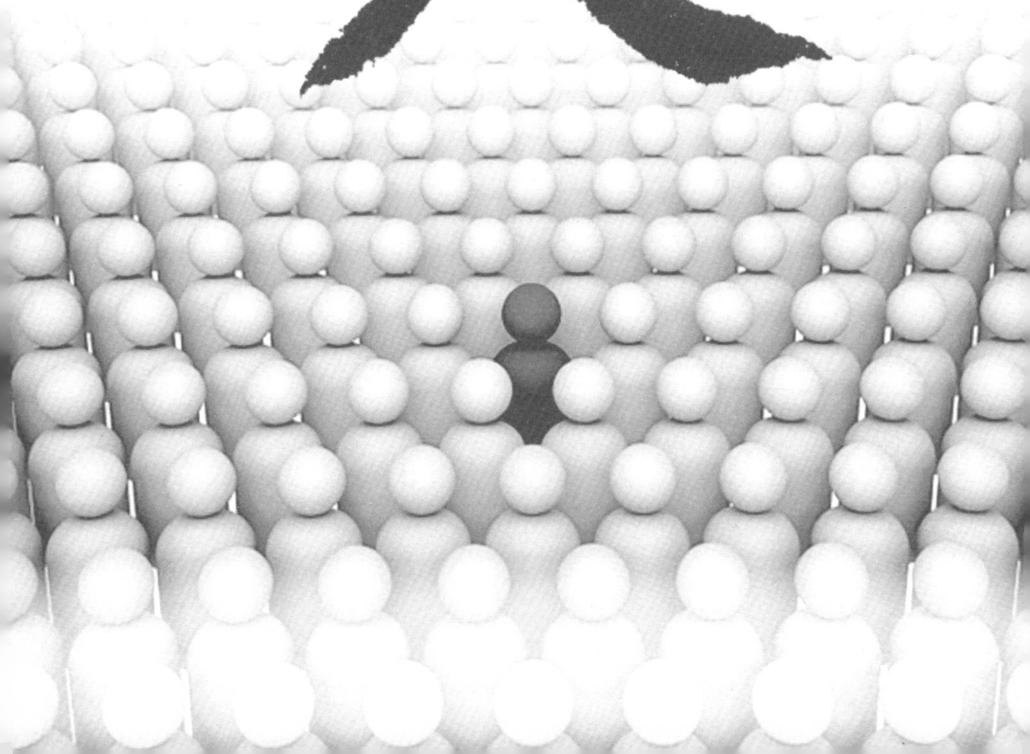

前言

做人難，做事難。這是我們經常聽到的話。的確，人生不易，為了獲得必要的生存資源，每個人都必須面對很大的壓力，要自我奮鬥，要參與競爭。

成功者固然躊躇滿志，令人羨慕；「折戟沉沙者」也很令人同情。如何把握成功的規律、找出失敗的癥結，使自己在做人、做事方面更成熟、更完善、更易成功，是每個人都必須經常思考、揣摩的問題。

人生在世，終其一生都在做人做事。從表面上看，做人做事似乎很簡單，有誰不會呢？其實不然，比如當一名老師，你的直覺是當個好教師，但事實上卻不受學生歡迎；再如做生意，你的直覺是賺大錢，可是偏偏就賠了本。拋開表層現象，發掘問題癥結，你就會發現，做人做事的確是一門很難掌握的學問。

常言道：「立業先立德，做事先做人。」做任何事情，都是從學做人開始的。如

Introduction
前言

果連人都做不好，還談何做事。因為，做事做人相互依助，如果不懂得如何去做人做事，最終的結局肯定是失敗。

做人是做事的前提和關鍵，也是決定事情成敗的主要因素，做人的方向錯了，做事也就自然失敗了。比如，我們常說一個人的「品行」如何，這個「品」就是做人的問題，「行」就是行為能力，就是做事的問題。如果一個人「品德」不好，那麼，無論他有多淵博的知識，多強的能力，多高的水準，也不能獲得廣泛的認同。

當然，做人與做事，是需要統籌兼顧的，光會做人，不會做事也不行。因為人的基本生活資源需要透過做事獲得，人的各種素質要在做事中形成，人的本質要在做事中展現，人的潛能需在做事中開發，人的價值更要在做事中實現。

不做事，做人就沒有了內涵；做事越多、付出越多，收穫往往就越大；做事越少、惰性越大，收穫就一定越小。所以，為人處世，不但要懂得做人，更要學會做事，只有將兩者進行有機地結合，才能在人生的道路上無往而不勝。

希望本書的出版能為廣大讀者做好人、做好事，帶來收穫，帶來幫助。

要做事，先做人

第一章 做人，要有好習慣

目　錄・CONTENTS

第四章 做事，該出手就不猶豫

第六章 做事，沒有人能獨自成功

第一篇

做人，要有好習慣

習慣性思維左右著你按照它的模式去運作。如果你養成了不好的習慣，時間一長變成了老習慣，就會影響你的一生。

讓毅力伴隨人生

毅力是一種優良的意志品質，指的是一個人做事能堅持不懈、持之以恆，在遇到困難和挫折時都不會動搖，是古今中外一切有成就的人必備的品質。頑強的毅力無往而不勝。任何一個有著堅強毅力的人，都不會光想而不做，不會被困難和挫折嚇倒。

毅力是成功的基石。居里夫人曾經說過：「一個人沒有毅力，將一事無成。」而「說一套，做一套」，永遠都不可能取得成功，只有言行一致，朝著目標堅持不懈的去奮鬥，去追求，才會有所收穫。

佛蘭克林在如此眾多的領域做出了傑出的貢獻，受到了世世代代不同國籍、不同膚色人們的敬仰。他在七十九歲高齡時，想起自己一生取得的成就，就用了整整十五頁紙敘述了自己年輕時曾進行過的特殊修練，他認為自己的一切成功與幸福都受益於此。

年輕時的佛蘭克林也並不十分成功，但卻渴望成功。經過研究，他發現成功的關鍵在於完善的人格。經過精心總結，他認為這完善的人格應包括以下十三個原則：節制、寡言、秩序、果斷、節儉、勤奮、誠懇、公正、適度、清潔、鎮靜、貞潔、謙遜。

但進一步研究他發現，如果僅僅知道這十三項原則並不能使自己成功。只有經過刻苦的修練，把這十三項原則變成自己的十三種習慣，這才屬於自己。否則，那還是別人的，是書本上的。

知道了這一點，他認真地為自己準備了一個本子，每一頁打了許多格子。他當時非常清楚，一段時間只專注於一項修練，才是最有效的。否則，會適得其反。於是他頭一個星期只專注於「節制」，每天檢查自己為人處世是否「節制」，並在本子上做上記號。

一個星期後，由於天天盯住自己是否「節制」，並堅持每天監督，他驚喜地發現，這「節制」慢慢在他身上生根了。

嘗到了甜頭，第二個星期他每天盯住第二項——「寡言」，並對第一項「節制」復習鞏固；第三個星期盯住第三項——「秩序」，再對第一項、第二項復習進行鞏固。沒想到十三個星期後，他發現自己的舉手投足，為人處世、待人接物發生了根本性的變化。

年輕、認真、又有毅力的佛蘭克林生怕這十三個星期還不足以使那十三項原則完全成為自己的習慣，在一年內他又進行了三次十三個星期的輪迴修練。一年以後，佛蘭克林完全變了，這種變化已融入了他的血液，滲入了他的靈魂，浸透到他的每一個細胞，因此，他的成功是順理成章的。

頑強的毅力無往而不勝。當它與人的期望、目標結合起來後，就會發揮巨大的作用。要實現遠大的理想，就必須增強你的毅力。沒有毅力，理想就無法實現。沒有理想，毅力就無從產生，這兩者是相互依存的。在所有的成功者中，有沒有毅力，堅強不堅強，起著決定性的作用；而對失敗者來說，缺乏毅力幾乎是他們共同的弱點。

智者叮嚀

「說一套，做一套」，永遠都不可能取得成功，只有言行一致，朝著目標堅持不懈的去奮鬥，去追求，才會有所收穫。

習慣決定你的未來

成功是一種習慣，失敗也是一種習慣。為何會成功，因為堅持不懈；為何會失敗，因為放棄。堅持和放棄都是一種習慣。良好的習慣也就是我們走向成功的巨大力量，無外乎有人說成功與失敗的最大區別來自於不同的習慣。

習慣是行為的自動化，不需要特別的意志努力，不需要別人的監控，在什麼情況下就按什麼規則去行動。習慣成自然，成了自然的習慣就只有順其自然，一成不變地順應自然、順應習慣。好的習慣會讓我們受益終身，壞的習慣如果不及時糾正，帶來的負面影響也是巨大的。

一天，一位睿智的教師與他年輕的學生一起在樹林裡散步。教師突然停了下來，並仔細看著身邊的四株植物。第一株植物是一棵剛剛冒出土的幼苗；第二株植物已經算得上挺拔的小樹苗了，它的根牢牢地盤踞在肥沃的土壤中；第三株植物已然枝葉茂盛，差不多與年輕學生一樣高大了；第四株植物是一棵巨大的橡樹，年輕學生幾乎看不到它的樹冠。

老師指著第一株植物對他的年輕學生說：「把它拔起來。」年輕學生用手指輕鬆地拔出了幼苗。

「現在，拔出第二株植物。」

學生聽從老師的吩咐，略加力量，便將樹苗連根拔起。

「好了，現在，拔出第三株植物。」

學生用一隻手進行了嘗試，然後改用雙手全力以赴。最後，樹木終於倒在了筋疲力盡的年輕學生的腳下。

「好的」，老教師接著說道，「去試一試那棵橡樹吧！」

年輕學生抬頭看了看眼前巨大的橡樹，想了想自己剛才拔那棵小得多的樹木時已然筋疲力盡，所以他拒絕了教師的提議，甚至沒有去做任何嘗試。

「我的孩子，」老師嘆了一口氣說道，「你的舉動恰恰告訴你，習慣對生活的影響是多麼巨大啊！」

其實，我們的習慣就像是故事中的植物一樣，幼苗很容易拔除，而隨著時間的推移，越是根深蒂固，越是難以根除。

故事中的橡樹是如此巨大，就像是積久形成的習慣那樣令人生畏，讓人甚至怯於嘗試改變它。還有值得一提的是，習慣與習慣之間也存在著不同，其中有些習慣比另一些習慣更難以改變。不僅壞習慣如此，好習慣也不例外。也就是說，好習慣一旦養成了，它們也會像故事中的橡樹那樣，忠誠而牢固。習慣在這種由幼苗長成巨樹的過程中，被重複的次數越多，存在的時間也就越長，它們也就越難以改變。

傳說亞歷山大城的圖書館被燒時，只有一本看起來普普通通的書倖免於難。有一個窮人一時好奇，就花了幾個銅板將這本書買了下來。這本書不怎麼精緻，然而這個窮人卻從書中發現了一個令人振奮的資訊，那就是有關「點金石」的秘密。

據書中記載，在黑海岸邊，有一塊神奇的石頭，它和其他成千上萬塊一模一樣的石頭混在一起，這塊石頭看似一般，可它卻有神奇的力量，能把普通的金屬變成黃金。它和其他石頭的唯一區別就在於：唯獨這塊石頭是溫暖的，其他普通的石頭都是冷冰冰的。於是這個窮人賣掉了僅有的幾件東西，準備了簡單的行裝，來到黑海岸邊尋找這塊神奇的石頭。

到了這裡之後，窮人就將他的「尋石計畫」付諸行動。餓了，這個窮人就到附近的地方討點東西吃，晚上他就睡在海岸上，醒來就一塊又一塊的石頭挨著找，他拾一塊石頭，感覺一下，如果不熱，就扔到了海裡。就這樣，他日復一日地重複這個動作，轉眼間，五年過去了，但他還是沒有找到「點金石」。可是，他非常確信總有一天自己會找到那塊神石的。於是，他還是按部就班地繼續著自己的工作，撿一塊石頭就扔到海裡，接著再撿，如此繼續……

過了很久之後，有一天早上，他撿起了一塊石頭，是「熱的」，可是他連想都沒想就一下把石頭給扔進了海裡！

接下來的日子，這個可憐的窮人繼續日復一日地尋找自己心目中那塊神石。而且由於他已經形成了把石頭扔進海裡的「習慣」，他甚至已經忘記自己扔石頭是為了什麼。這個窮人的故事豈不令人可悲！

任何一種行為只要不斷地重複，就會成為一種習慣。同樣道理，任何一種思想只要不斷地重複，也會成為一種習慣，在不知不覺中影響人的行為。

有一家外商企業招募，對學歷、外語、身高、相貌的要求都很高，但薪水很高，所以有很多高素質人才都來應徵。最後有三個年輕人憑著自己的努力，過五關斬六將，到了最後一關：總經理面試。

年輕人想，這很簡單，只不過是面試罷了，十拿九穩了。

沒想到，面試出問題了。一見面，總經理說：「很抱歉，年輕人，我有點急事，要出去十分鐘，你們能不能等我？」年輕人說：「沒問題，您去吧，我們等您。」老闆走了，年輕人一個個躊躇滿志，得意非凡。他們圍著老闆的辦公桌看，只見上面文件一堆，信一堆，資料一疊。年輕人你看這一疊，我看這一多，看完了還交換說：「哎喲，這個好看。」

十分鐘後，總經理回來了，說：「面試已經結束。」「沒有啊？我們還在等您啊。」老闆說：「我不在的這一段時間，你們的表現就是面試。很遺憾，你們沒有一個人被錄取。因為，本公司從來不錄取那些亂翻別人東西的人。」

這些年輕人一聽，頓時捶胸頓足。他們為什麼這麼感慨萬千呢？他們說：「我們長這麼大，從來沒聽說過亂翻別人的東西就不錄取的。」

習慣決定你的未來。有什麼樣的習慣，就會帶來什麼樣的結果，這些都是可以預見的。如果很不幸，你擁有很多壞習慣，那麼當壞習慣的惡果在當時或最後顯現出來的時候，這樣的苦酒只能你一個人去慢慢品嘗了。

智者叮嚀

習慣是人生中的一柄雙刃劍，用得好，它會幫助我們輕鬆地獲得人生快樂與成功；用得不好，它會使我們的一切努力都變得很費力，甚至能毀掉我們的一生。

勤奮刻苦，自強進取

勤奮不僅是一種人生態度，也是成功的人生必備的。實實在在付出心血，才會換來真正的享受。一生之計在於勤，而一個成功人生的關鍵，更在於及時努力，在有限的時間裡努力做點什麼。

古今中外，凡有成就者，都是勤奮刻苦的最真實的寫照。王獻之是王羲之的第七個兒子，自幼聰明好學，在書法上專工草書隸書，也善畫畫兒。他七、八歲時開始學書法，師承父親。有一次，王羲之看獻之正聚精會神地練習書法，便悄悄走到背後，突然伸手去抽獻之手中的毛筆，獻之握筆很牢，沒被抽掉。父親很高興，誇讚道：「此兒後當復有大名。」小獻之聽後心中沾沾自喜。還有一次，羲之的一位朋友讓獻之在扇子上寫字，獻之揮筆便寫，突然筆落扇上，把字污染了，小獻之靈機一動，一隻小牛栩栩如生於扇面上。再加上眾人對獻之書法繪畫讚不絕口，小獻之滋長了驕傲情緒。獻之的父母看此情景，若有所思……

一天，小獻之問母親郗氏：「我只要再寫上三年就行了吧？」母親搖搖頭。「五年總行了吧？」母親又搖搖頭。獻之急了，衝著母親說：「那您說究竟要多長時間？」「你要記住，寫完院裡這十八缸水，你的字才會有筋有骨，有血有肉，才會站得直立得穩。」獻之一回頭，原來父親站在了他的背後。王獻之心中不服，啥都沒說，一咬牙又練了五年，把一大堆寫好的字給父親看，希望聽到幾句表揚的話。誰知，王羲之一張張掀過，一個勁地搖頭。掀到一個「大」字，父親現出了較滿意的表情，隨手在「大」字下填了一個點，然後把字稿全部退還給獻之。

小獻之心中仍然不服，又將全部習字抱給母親看，並說：「我又練了五年，並且是完全按照父親的字樣練的。您仔細看看，我和父親的字還有什麼不同？」母親果然認真地看了三天，最後指著王羲之在「大」字下加的那個點兒，嘆了口氣說：「吾兒磨盡三缸水，唯有一點似羲之。」

獻之聽後洩氣了，有氣無力地說：「難啊！這樣下去，啥時候才能有好結果呢？」母親見他的驕氣已經消盡了，就鼓勵他說：「孩子，只要功夫深，就沒有過不去的河、翻不過的山。你只要像這幾年一樣堅持不懈地練下去，就一定會達到目的的！」

獻之聽完後深受感動，又鍥而不捨地練下去。功夫不負有心人，獻之練字用盡了十八大缸水，在書法上突飛猛進。後來，王獻之的字也到了力透紙背、爐火純青的程度，他的字和王羲之的字並列，被人們稱為「二王」。

勤奮刻苦的學習精神，是與自強進取的優秀品質相互聯繫的。一個人有了自強進取的優秀品質，就能相信自己的力量，對自己的學習、工作、生活充滿信心，就能克服依賴心理，勇敢的、獨立的學習、工作、生活。

一位巴格達商人，在路上行走時聽到一個神秘的聲音附在他耳邊說：「請你彎下腰去，撿起路邊的小石子，明天早上你就會獲得快樂。」這個巴格達商人將信將疑，但他還是遵照這個神秘的聲音的意願，撿了幾顆石子放進自己的口袋裡。

第二天早上醒來時，這位巴格達商人打開自己的口袋，拿出第一顆石子，石子馬上變成了一顆晶瑩剔透的藍寶石，他嚇呆了，接下來的事更使他目瞪口呆：他掏出其餘的石子，出現在眼前的是一堆光芒四射的紅寶石、藍寶石、綠寶石……這位商人高興得合不攏嘴，但是馬上又懊悔不已，為什麼當時自己不多撿幾粒石子呢？

講完這則寓言，巴甫洛夫就告誡學生說：「你們現在就是巴格達商人，而石子就是知識，知識的價值你們將來就會明白，將來你們所學的知識就是你們的無價財富，你們也一定會懊悔當初學得太少了。」

所以，進取精神對於人生事業的價值，在於創造未來；也因為有了未來，過去與現在的成功才能得到真正的保護！

智者叮嚀

「勤奮刻苦，自強進取！」這八個字絕不是空洞的口號，它是一切成功者成功的秘訣，它是一切創業者遵守的信條。

經常進行自我反省

每個人在做事的時候都要持有自我反省、自我修正的態度，並以不斷的追求去實現自己美好的願望。一個善於自我反省的人，往往能夠發現自己的優點和缺點，並能夠揚長避短，發揮自己的最大潛能；而一個不善於自我反省的人，則會一次又一次地犯同一些錯誤，不能很好地發揮自己的能力。

一個人之所以能夠不斷地進步，在於他能夠不斷地自我反省，找到自己的缺點或者做得不好的地方，然後不斷改正，以追求完美的態度去做事，從而取得一個又一個的成功。

英國著名小說家狄更斯的作品是非常出色的。但是，他對自己卻有一個規定，那就是沒有認真檢查過的內容，絕不輕易地讀給公眾聽。每天，狄更斯會把寫好的內容讀一遍，每天去發現問題，然後不斷改正，直到六個月後讀給公眾聽。

與此相同的是，法國小說家巴爾扎克也會在寫完小說後，花上一段時間不斷修改，直到最後定稿。這一過程往往需要花費幾個月甚至幾年的時間。正是這種不斷自我反省、自我修正的態度，讓這兩位作家取得了非凡的成就。

事實上，每個人在做事的時候都要持有自我反省、自我修正的態度，並以不斷的追求去實現自己美好的願望。一個善於自我反省的人，往往能夠發現自己的優點和缺點，並能夠揚長避短，發揮自己的最大潛能；而一個不善於自我反省的人，則會一次又一次地犯同一些錯誤，不能很好地發揮自己的能力。

有一位小夥子，大學畢業後進入一家非常普通的公司工作。公司安排新員工從基層做起。其他新員工都在抱怨：「為什麼讓我們做這些無聊的工作？」「做這種平凡的工作會有什麼希望呢？」但這位小夥子卻什麼都沒說，他每天都認認真真地去做每一件主管交給的工作，而且還幫助其他員工去做一些最基礎、最累的工作。

由於他的態度端正，做事情往往更快更好。更難能可貴的是，小夥子是個非常有心的人，他對自己的工作有一個詳細的記錄，做什麼事情出現問題，他都記錄下來。然後，他就很虛心地去請教老員工，由於他的態度和人緣都很好，大家也非常樂於教他。經過一年的磨練，小夥子掌握了基層的全部工作要領，很快，他就被提拔為部門主任；又過了一年，他就成了部門的經理。而與他一起進去的其他員工，卻還在基層抱怨著。

每個人都會做一些平凡的事情，包括平凡的工作。這時候，如果只抱怨他人或環境，他就不可能認真去做這件事，也就不可能取得成功。如果一個人願意把自己放在一個平凡的崗位上，以自我為改變的關鍵，不斷反省自己，找到更好的方法，成功就一定等著他。

著名經濟學家大衛・李嘉圖九歲的時候，有一次，父母帶他去商店。大衛在商店的櫥窗裡看到了一雙帶皮毛的漂亮皮鞋，非常喜歡，就吵著要父母買下來。母親同意了，但是父親不同意，因為這是一雙木頭做的鞋子，不適合孩子穿。

大衛哭鬧著執意要買。父親想了想，就對大衛說：「我可以答應給你買這雙鞋子，但是，你要承諾，買了以後你必須穿這雙鞋子，否則我就不給你買。」大衛想著可以買自己心愛的鞋子，高興地答應了。

誰知，鞋子買回來後，大衛才發現穿起來會「喀噠喀噠」作響，非常不舒服。如果長時間穿這雙鞋子，腳會很累。現在他才知道父親之所以不讓自己買這雙鞋子的原因，自己確實太虛榮了，現在穿這雙鞋子簡直就是受罪。這個時候，大衛深深地意識到自己的虛榮，他甚至願意付出一切代價，只要能不穿這雙鞋子。

聰明的父親看出了大衛的想法，他對大衛說：「孩子，我並不強迫你去穿這雙鞋子，但是，你要學會反省自己，不要讓自己陷入不良思想的陷阱。」

雖然父親沒有強迫大衛再穿這雙鞋子，但是，大衛覺得應該給自己一個警示。於是，大衛把這雙鞋子掛在自己房間裡容易看到的地方，讓它時刻提醒自己不要任性，不要貪圖虛榮。

人應該經常反省自己在做人、行事、學習、工作、人際上有哪些問題，哪些做錯了，哪些做對了。錯則改之，對則勉之。人如同一塊天然礦石，需要不斷地用刀去雕琢，把身上的污垢去掉。雖然經歷痛楚，但雕琢後的礦石才能更光彩照人、身價百倍。因此，反省自我即是最好的方法。

智者叮嚀

只有反省的人，才知道這一天錯在哪裡，對在哪裡，錯的立即改正，正確的繼續發揚，這樣持之以恆地堅持下去，才會自然而然地減少缺點，發揚自己的優點。

好的習慣是取得成功的階梯

很多人都說：養成好習慣較難，而陷入壞習慣很容易。但也並非一定如此，主要還是看一個人的毅力而定。事實上，習慣就是習慣，並沒有合理的推論來說明養成好習慣比養成壞習慣要難。

成功源於良好的習慣，好的習慣是成功的階梯。一個人要想在事業上取得成功，就必須養成良好的習慣。

一九七八年，七十五位諾貝爾獎獲得者在巴黎聚會。有人問其中一位：「你在哪所大學、哪所實驗室裡學到了你認為最重要的東西呢？」出人意料，這位白髮蒼蒼的學者回答說：「是在幼稚園。」又問：「在幼稚園裡學到了什麼呢？」學者答：「把自己的東西分一半給小朋友們；不是自己的東西不要拿；東西要放整齊；飯前要洗手；午飯後要休息；做了錯事要表示歉意；學習要多思考，要仔細觀察大自然。從根本上說，我學到的全部東西就是這些。」

這位學者的回答，代表了與會科學家的普遍看法：成功源於良好的習慣。

英國唯物主義哲學家、現代實驗科學的始祖、科學歸納法的奠基人培根，一生成就斐然。在談到習慣時，他深有感觸地說：「習慣真是一種頑強而巨大的力量，它可以主宰人的一生，因此，人應該通過教育培養一種良好的習慣。」

無獨有偶，一九九八年五月，華盛頓大學三百五十名學生有幸請來世界股神巴菲特和比爾蓋茲演講。當學生們問到：「你們怎麼變得比上帝還富有」這一有趣的問題時，巴菲特說：「這個問題非常簡單，原因不在智商。為什麼聰明人會做一些阻礙自己發揮全部功效的事情呢？原因在於習慣。」蓋茲表示贊同，他說：「我認為他說關於習慣的話完全正確。」

此時，兩位殊路同歸的好朋友道出了自己成功的訣竅，即：好的習慣是取得成功的階梯。

智者叮嚀

俄國教育家烏申斯基說：「良好的習慣乃是人在神經系統中存放的道德資本，這個資本不斷地增值，而人在其整個一生中就享受著它的利息。」

養成居安思危的憂患意識

「居安思危」出自《書經》，全句是「居安思危，思則有備，有備無患。」它的意思是說：在安定的情況下，要經常考慮到可能出現的危險，考慮到了事先就會有充分的準備，有了準備，就不會產生禍害。

「居安思危」，並非杞人憂天，聳人聽聞，只不過從事物發展的客觀規律中，善於觀察危機的端倪，主動去找危險的苗頭，隨時警惕危難的徵兆。

宋、齊等國聯合攻打鄭國，弱小的鄭國知道自己兵力不足，於是請晉國做中間人，希望宋、齊等國家能夠打消攻打的念頭。其他國家因為害怕強大的晉國，並不想得罪晉國，於是紛紛決定退兵。為了答謝晉國，於是鄭國國君就派人獻給晉國許多美女與貴重的珠寶作為賀禮。收到這份禮物之後，晉悼公十分高興，就將一半的美女賞給大功臣魏絳。沒想到正直的魏絳一口拒絕，並且勸晉悼公說：「現在晉國雖然很強大，但是我們絕對不能因此而大意，因為人在安全的時候，一定要想到未來可能會發生的危險，這樣才會先做準備，以避免失敗和災禍的發生。」晉悼公聽完魏絳的話之後，知道他時時刻刻都牽掛國家與百姓的安危，從此對他更加敬重。

《伊索寓言》裡面有一個關於「螞蟻和蚱蜢」的故事，反映的就是螞蟻具有的居安思危、未雨綢繆的意識。在一條彎曲的小路上，一群螞蟻忙翻天，他們幹勁十足，忙著搬運食物，捨不得休息。而在路邊涼爽的樹蔭裡，一隻蚱蜢卻悠閒自得地唱著自編的歌兒，陶醉在自己的歌聲中。

他看見螞蟻這麼辛苦，整天勞碌，覺得他們很傻，就問道：「你們這是為什麼呢？大熱天的，不休息，不喝水，不唱歌，搬來搬去，瞎忙什麼呀！」螞蟻說：「我們在夏季辛苦工作，為的是冬季裡有足夠的糧食。」

蚱蜢很奇怪：「冬季的糧食？用得著搬運嗎？這兒有的是食物，青草、露水，可以充饑，又能解渴，怎麼會挨餓？再說，冬季還早著呢！現在就動手，何必呢！你們太傻了，這麼熱的天，也不懂得休息、娛樂、享受生命！」

螞蟻聽了很不高興：「冬天來了，大雪紛飛，到時候再找食物就來不及了！現在你貪圖玩樂不勞動，不居安思危，就等著冬天挨餓吧！」說罷，背著糧食走遠了。蚱蜢看螞蟻走遠了，心裡嘀咕著，我才不擔心呢，又繼續唱起歌來，快活自在地歌著。

就這樣，日子一天天過去了，夏天結束了，秋天來臨了，轉眼秋天也即將過去了，可蚱蜢仍唱歌玩樂，不肯準備過冬的食物。他總是說：「還早呢，早著呢！」

冬天來了，樹葉落盡，小草枯黃，一場大雪過後，大地白茫茫一片，蚱蜢再也找不到食物了。寒風吹來，冷颼颼的，蚱蜢饑寒交迫，不停的打著哆嗦，他想，還是到螞蟻那兒要點食物過冬吧！他掙扎著來到螞蟻的家門口。向螞蟻求援道：「螞蟻大哥，我快餓死了，給我點糧食吧！」

螞蟻開門出來，看了蚱蜢一眼說：「你怎麼不準備過冬的糧食呢？夏季裡你光顧唱歌，不準備糧食，到了現在，才知道沒有食物過冬。告訴你，不懂得居安思危，永遠不可能得到長久的安樂！」

其實，動物如此，人類又何嘗不是這樣呢？

智者叮嚀

趁年輕精力充沛的時候，好好地學習，提高自己的知識水準，只要擁有了過人的本領，才會擁有更加廣闊的發展空間，才能在工作崗位上做出更大的貢獻，進而實現自己的人生價值。

充分利用好每一分鐘

利用好時間是非常重要的，一天的時間如果不好好規劃一下，就會白白浪費掉，就會消失得無影無蹤，我們就會一無所成。經驗表明，成功與失敗的界線在於怎樣分配時間、怎樣安排時間。

如果想成功，必須重視時間的價值。時間是要爭取才有的，時間是自己安排出來的。忙碌的人能夠讀很多書，就是因為這個緣故。

時間並非一成不變，時間有密度，也有年齡。明天的時間比今天的時間衰老。衰老的時間沒有氣勢，就好像旭日東昇，朝氣蓬勃，而日落西山的太陽，就完全沒有那種氣勢。失去效率的時間是沒有什麼用的。

數學家華羅庚說過：「成功的人無一不是利用時間的能手！」實際上，只要扎扎實實地用好每一分鐘，幾乎不可能不能成才、有所作為、享受美好的生活及健康長壽。有些人一生都沒有利用好時間，有些人只是利用好了青春，有些人只是利用了一生中的幾年，一流人才儘量利用好每一天，而高手們則儘量利用好每一分鐘乃至每一秒鐘。縱觀高級人才的行為，很少有浪費時間的行為，他們的成功，實質上是時間利用上的成功。

在佛蘭克林報社前面的商店裡，一位猶豫了將近一個小時的男人終於開口問店員了：「這本書多少錢？」

「一美元。」店員回答。

「一美元？」這人又問，「能不能少一點？」

「它的價格就是一美元。」沒有別的回答。這位顧客又看了一會兒，然後問：「佛蘭克林先生在嗎？」

「在，」店員回答，「他在印刷室忙著呢。」

「那好，我要見見他。」這個人堅持一定要見佛蘭克林。於是，佛蘭克林就被找了出來。

這個人問：「佛蘭克林先生，這本書你能出的最低價格是多少？」

「一美元二十五分。」佛蘭克林不假思索地回答。

「一美元二十五分？你的店員剛才還說一美元一本呢。

「這沒錯，」佛蘭克林說，「但是，我情願倒給你一美元也不願意離開我的工作。」這位顧客嚇到了。他心想，算了，結束這場自己引起的談判吧，他說：「好，這樣，你說這本書是最少要多少錢吧。」

「一美元五十分。」

「又變成一美元五十分？你剛才不還說一美元二十五分嗎？」

「對。」佛蘭克林冷冷地說，「我現在能出的最好價錢就是一美元五十分。」這人默默地把錢放到櫃檯上，拿起書出去了。這位著名的物理學家和政治家給他上了終生難忘的一課：對於有志者，時間就是金錢。

想要有成功的人生，必須把握現在的時間。如何把握現在呢？效率專家認為，分析、計畫、行動，三個步驟缺一不可。

愛爾斯金——美國近代詩人、小說家，又是出色的鋼琴家，他在談及利用時間這個老生常談的話題時，曾深有體會地說：「當我在哥倫比亞大學教書的時候，我想兼從事創作。可是上課、看卷子、開會等事情把我白天、晚上的時間全占滿了。差不多有兩個年頭我一字不曾動筆，我的藉口是沒有時間……後來，只要有五分鐘左右的空閒時間，我就坐下來寫作一百字或短短的幾行。出乎我意料之外，在那個星期的終了，竟然累積有相當的稿子準備我修改。

「後來我用同樣積少成多的方法，創作長篇小說。我每天的教課工作很繁重，但是每天仍有許多可以利用的短短空閒。我同時還練習鋼琴，發現每天小小的間歇時間，足夠我從事創作與彈琴兩項工作。

「利用短時間，其中有一個訣竅：你要把工作進行得迅速，如果只有五分鐘的時間給你寫作，你絕不可把四分鐘消磨在咬住你的鉛筆尾巴。思想上事前要有所準備，到工作時間屆臨的時候，立刻把心神集中在工作上，迅速集中腦力。」

充分利用時間，實質上就是以較少的時間做較多的事情。學會合理利用學習時間，在規定的時間裡進行學習，才會達到「不求利用每一分鐘來學習，但求學習的每一分鐘有收穫」的效果。

智者叮嚀

保持清醒的頭腦，經常對時間的消耗進行統計，掌握支配時間的主動權，發現問題馬上改正。

信守承諾換取人心

信守承諾是中華民族的傳統美德。給自己一個承諾，人生終將輝煌；給他人一個承諾，幸福之花將綻放於人們的笑靨；給世界一個承諾，世界將變得更美好。承諾不難，難的是信守承諾，因此說信守承諾就是財富。

誠實守信是做事的首要原則，只有做到誠實守信才能長久取勝。因此，自古以來人們把信譽看得重於一切。無論做什麼事，都要以講道德、守信義為標準。無論對什麼人，都要以誠相待。否則，一旦信譽喪失，做什麼事都必然會招致失敗。

清末年間有個姓雷的山西商人，還是他爺爺在世的時候，由於經營不善，和英國人在香港做的一大筆生意賠了個精光，欠下英國商人的錢一直未還。

他爺爺臨終時百般叮囑他的父親，要他父親一有錢就替自己將債還上。遺憾的是，他父親直到死去都沒有能力還上這筆錢。

他父親臨死的時候，又把帳單遞到他手上，叮囑他等日後有了錢，第一件要做的事就是幫自己還了這筆債。姓雷的商人接過帳單，亦接下了父輩的遺願。

光陰荏苒，日月如梭，轉眼十幾年過去了，姓雷的商人果然發了財。於是，他請來一個懂英文的人給這個英國商人寫信，言辭懇切地告訴他祖父欠債一直未還的原因，並說現在家境好了，唯有替祖父將欠債還掉才能使自己的良心得以安寧，請他告之匯款地址。

當時，那位英國商人也早已去世，姓雷的商人寄的這封信被他的孫子收到後，非常感動，當即回了信。最終，姓雷的商人將祖父欠下的債還給了那位英國商人的後人。這就是中國人講的誠信。「父債子還」，決不失言。

當年，以「日升昌」為首的山西票號也是一個注重誠信的典範。

「日升昌」票號是清末年間山西的一個大票號。一直以來，這個票號都有非常好的信譽，在全國許多地方開有分號。「日升昌」承諾：無論何時何地，凡在本票號儲存銀子，憑票號的存摺即可在「日升昌」兌現。

「別人的成功，永遠都是自己的榜樣」。見「日升昌」票號開得紅熱，山西的其他票號也相繼訂下了同樣的承諾。

一九〇〇年，北京被八國聯軍攻佔，一時間人心惶惶。北京城中的皇親國戚、名門豪紳紛紛隨慈禧、光緒逃往西安。由於逃得倉促，根本顧不及家中的金銀細軟，他們只把攜帶方便的山西票號的存摺帶在身上，一到山西，便爭先恐後地跑到票號兌換銀兩。

面對突然而來的擠兌，在這次戰亂中同樣損失慘重的山西票號叫苦不迭，因為他們設在北京的分號已被洗劫一空，就連帳簿也被八國聯軍燒得一本也沒留下。

沒有帳簿，怎麼知道哪些人在票號裡存過銀子？又怎麼知道儲戶到底存了多少銀子？按照常理，山西票號完全可以向京城來的儲戶說明原因暫不兌付，等總號重新清理帳目之後再做應對。但是，以日升昌為首的所有山西票號都沒有這麼做。面對突如其來的擠兌風潮，他們一如繼往，只要儲戶拿出存摺，不管數目多少，票號一律即刻兌現。

山西票號的這種做法，無疑是要承擔巨大的風險的。假如有小人趁機在擠兌風潮中做手腳，試問，後果將會怎樣？票號的生意還要不要做？細細想來，還真是有些害怕。

應該說，日升昌和其他山西票號當時的這種做法體現了兩個字——膽識。這種信譽至上的膽識實在是叫人欽佩。危難降臨時，他們沉著應對、「大信大義」的表現令人嘆服。他們的舉措把信義二字放在了至高無上的地位，成為華人做人做事的榜樣。

智者叮嚀

一個講誠信的人，說話必定先考慮後果。不該說的話，一句也不多說，該說的話，一句也不放過。

永遠對自己充滿信心

有了信心，我們的行動更具有可能性，從而減少了做事情的難度，極易切中要害，找到目標。

一個人信心的培養和發展，是自我意識不斷成熟和發展的重要標誌，它能促使我們產生積極主動的活動願望，大膽探索的精神，同時也促使我們樂於與人交往和相處，經常保持愉快的情緒。

姍妮今年讀小學四年級，她學習非常努力，是爸爸媽媽的「寶貝」。唯一的毛病是，常常會對自己沒有自信。媽媽讓她去超市幫忙買點東西，她不敢去；有客人來家裡做客，她常常是一下子就溜進了自己的房間再也不出來。

每天放學後，姍妮總是很認真地寫作業。可是她每做完一道題目，媽媽都要檢查，做對了就有獎勵，做錯了就要重做。只有這樣，在得到媽媽的認可下，才能做下一題。快期中考試了，姍妮以為自己可以考得很好，媽媽也以為她會考個好成績回來。

考試那天，姍妮看著那些題目，覺得都是以前做過的。可是，她卻不敢做，因為以前都是在媽媽的確認下做，可是現在卻得不到媽媽的認可，萬一要是做錯了呢？我該怎麼辦？姍妮猶豫不決，做，又怕做錯，不做吧，又不行。就這樣，時間在她的猶豫不決中飛快地溜走了。結果，考試完了，姍妮卻還有很多題目沒有做完。

考試結果出來了，姍妮考試的幾科都不及格。媽媽非常生氣，責問姍妮道：「你為什麼考成這樣？」姍妮哭著說：「我對自己做的答案沒信心，每做一題，我都要猶豫好一陣子，結果，試卷沒做完，考試結束的鈴聲就響了。」

信心是靠著調整你的內心，不斷接受「無窮智慧」的力量發展而成的。它是使「無窮智慧」的力量配合你明確目標的一種適應表現，也是將你的想法付諸實現的原動力。

海倫剛出生時，是個正常的嬰孩，可是，一場疾病使她變成又瞎、又聾的小啞巴——那時她才十九個月大。生理的劇變，令小海倫性情大變。稍不順心，她便會亂敲亂打，野蠻地用雙手抓食物塞入口裡；你若試圖去糾正她，她就會在地上打滾亂嚷亂叫。父母在絕望之餘，只好將她送至波士頓的一所盲人學校，特別聘請一位女教師照顧她。

所幸的是，小海倫在黑暗的悲劇中遇到了一位偉大的光明天使——安妮・莎莉文女士。從此，莎莉文女士與這個蒙受三重痛苦的小姑娘的奮鬥就開始了。洗臉、梳頭、用刀叉吃飯等都必須一邊和她爭吵一邊教她。

固執己見的海倫以哭喊、怪叫等方式全力反抗著嚴格的教育。然而最終，依靠自我成功和重塑命運的工具——信心與愛心，終於喚醒了海倫那沉睡的意識力量。自信與自愛在小海倫的心理產生，使她從痛苦、孤獨的地獄中解脫出來，通過自我奮發，將潛意識那無限能量充分發揮，最終走向了光明。

當一個既聾、又啞、且盲的小女孩，初次領悟到語言的喜悅時，那種令人感動的情景，實在難以描述。海倫曾寫到：「在我初次領悟到語言存在的那天晚上，我躺在床上，興奮不已，那時我第一次希望天亮——我想再沒有其他人，可以感覺到我當時的喜悅了。」仍然是失明，仍然是聾啞的海倫，憑著「觸角」——指尖去代替眼和耳——學會了與外界溝通。她十多歲時，名字就已傳遍全美國，成為殘疾人士的模範。

若說小海倫沒有自卑感，那是不確切的，也是不公平的。幸運的是，她自小就在心底裡樹起了顛撲不破的信心，完成了對自卑的超越。小海倫成名後，並未因此而自滿，她繼續孜孜不倦地接受教育。一九〇〇年，這個二十歲的姑娘，學習了指語法、凸字及發聲，並通過這些手段獲得超過常人的知識，她進入了哈佛大學拉德克里夫學院學習。她說出的第一句話就是：「我已經不是啞巴了！」四年後，她作為世界上第一個受到大學教育的盲聾人，以優異的成績畢業。

這個克服了「無法克服」的殘疾「造命人」，其事蹟在全世界引起了震驚和讚賞。憑著她那堅強的信念，她終於戰勝自己，體現了自身的價值。她雖然沒有發大財，也沒有成為政界要人，但是，她所獲得的成就比富人、政客還要大得多。第二次世界大戰後，她在歐洲、亞洲、非洲各地巡迴演講，喚起了社會大眾對身體殘疾者的注意，被《大英百科全書》稱頌為有史以來殘疾人士最有成就的代表人物。

身受重重痛苦，卻能克服它並向全世界投射出光明的海倫．凱勒的成功事蹟，說明了什麼問題呢？它說明：信心是偉大的化學家，當信心融合在思想裡，潛意識就會立即拾起這種震撼，把它變成等量的精神力量，再轉送到無窮智慧的領域裡促成成功思想的物質化。

智者叮嚀

一個人有了信心，就能達到自己所期望達到的境界，就能成為自己所希望成為的人。

不要與人太計較

「水至清則無魚，人至察則無友」，做人不能太計較，這正是有人活得瀟灑，有人活得太累的原因之所在。

做人固然不能玩世不恭、遊戲人生，但也不能太計較，認死理。太認真了，就會對什麼都看不慣，連一個朋友都容不下，把自己和社會隔絕開。鏡子看上去很平，但在高倍放大鏡下，就成了凹凸不平的山巒；肉眼看很乾淨的東西，拿到顯微鏡下，滿目都是細菌。試想，如果我們「戴」著放大鏡、顯微鏡生活，恐怕連飯都不敢吃了。再用放大鏡去看別人的毛病，恐怕許多人都會被看成罪不可恕、無可救藥的了。

孔子帶眾弟子東遊，走累了，肚子又餓，看到一酒家，孔子吩咐一弟子去向老闆要點吃的，這個弟子走到酒家跟老闆說：「我是孔子的學生，我們和老師走累了，給點吃的吧。」老闆說：「既然你是孔子的弟子，我寫個字，如果你認識的話，隨便吃。」於是寫了個「真」字，孔子的弟子想都沒想就說：「這個字太簡單了，『真』字誰不認識啊，這是個真字。」老闆大笑：「連這個字都不認識還冒充孔子的學生。」說著便吩咐夥計將之趕出酒家，孔子看到弟子兩手空空垂頭喪氣地回來，問後得知原委，就親自去酒家，對老闆說：「我是孔子，走累了，想要點吃的」。老闆說：「既然你說你是孔子，那麼我寫個字如果你認識，你們隨便吃。」於是又寫了個「真」字，孔子看了看，說：「這個字念『直八』。」老闆大笑：「果然是孔子，你們隨便吃。」

弟子不服，問孔子：「這明明是『真』嘛，為什麼念『直八』？」孔子說：「這是個認不得『真』的時代，你非要認『真』，焉不碰壁？處世之道，你還得學啊。」

這個故事說明了一個道理，那就是做人不能太計較。在工作中，不是你把所有的事情做了就是認真，因為要認真地揣摩了主管的需要而且盡可能地配合了。

有位同事總抱怨他們家附近便利商店的店員態度不好，像誰欠了她鉅款似的。後來同事的妻子打聽到了女店員的身世，她丈夫有外遇，和她離了婚，老母癱瘓在床，上小學的女兒患哮喘病，每月只有一萬多元薪資，一家人住在一間十幾坪大的平房裡。難怪她一天到晚愁眉不展。這位同事從此再不計較她的態度了，甚至還建議大家都幫她一把，為她做些力所能及的事。

沒有必要與原本與你無仇無怨的人瞪著眼睛計較。假如計較起來，大動肝火，槍對槍、刀對刀地打起來，再釀出個什麼嚴重後果來，那就太划不來了。與萍水相逢的陌路人較真，實在不是聰明人做的事。假如對方沒有文化，與其計較就等於把自己降低到對方的水準，很沒面子。另外，從某種意義上說，對方的觸犯是發洩和轉嫁他心中的痛苦，雖說我們沒有義務分攤他的痛苦，但確實可以你的寬容去幫助他，使你無形之中做了件善事。

智者叮嚀

有良好的修養、善解人意的思維方法，並且需要經常從對方的角度設身處地地考慮和處理問題，多一些體諒和理解，就會多一些寬容，多一些和諧，多一些友誼。

養成獨立自主的好習慣

每一個成大事的人都應當明白，獨立生活是走向成功的第一步。選擇獨立生活，對於培養良好的品質，鍛鍊適應環境的能力，都是有很大的好處的。如果你足夠聰明，你就要學著獨立去生活，自主地去做些事情，一個成大事者是不會在生活中依賴他人的。

一位美籍華人談起他在美國的一段經歷。

為了十六歲的兒子能夠成才，他狠下心來，送兒子到一所遠離住家卻十分有名的學校去念書。那個稚氣未脫的小夥子每天都需要轉三站公共汽車，換兩次地鐵，穿越紐約最豪華和最骯髒的兩個街區，歷時三個多小時。而紐約的地下鐵又亂又不安全，每天都有搶劫、強姦甚至殺人的事件發生。為什麼這位朋友讓自己的兒子放著附近的高中不讀，而冒那麼大的風險，整天奔波於那危險的路中呢？

一方面固然是為了兒子以後能考上美國最好的大學，另一方面更是由於這位美籍華人思想中的獨立生存的觀念使然。在美國，十六歲的孩子應該是具有獨立人格和精神的。那位美籍華人始終認為：在人生的旅途上，每個人都要經過這一關，都要穿越這樣的危險地帶，否則就難以在這錯綜複雜、險象環生的環境中生存下去。他告訴兒子說：人生的道路是更危險的，因為人生只有去，沒有回，是只能走一次的路線，而每一步跨出去都是自己不曾熟悉的道路，若一步稍有不慎，你的整個人生都將遭到打擊或挫折。所以他在給兒子的信中語重心長地寫道：「年輕人，你漸漸會發現，當你個人獨行的時候，會變得格外聰明，當你離開父母的時候，你才會知道父親是對的。」年輕人應該養成獨立生活的習慣，並且用這種習慣去應對世界，面對生活中的一切。

獨立，對於我們每個人而言，都顯得不可或缺。生活的一切，都只能靠你自己，因為你才是你自己的主人。

魯迅先生的故事不知被多少人傳誦：魯迅小時候，由於家道的敗落和父親的病情，使還是孩子的魯迅過早地承擔起了家庭的重擔，他不僅要學習，還要每天往返於藥店與當鋪之間，為生活而奔波。可即便如此，他還是不忘自強不息地奮鬥。一次，由於上學遲到，老師對他加以批評，魯迅從此在自己的書桌上刻上了一個「早」字，這不僅僅是對自己的提醒，更是一個人人生觀的體現：自立、自強。

在我們生活的環境中，每個人都充滿了智慧，又都有一副適應自己人生經驗的「如意算盤」。然而，誰也無法在課堂上、書本中和家庭裡教會青年們如何自如地處理各種複雜的社會關係、人際關係和利害關係，如何克服自身的惰性和弱點，以一個成熟者的目光來審視世界上的一切。只有獨立地去面對，去體驗，才會獲得這些知識。正如一位先哲所說：若想讓小鳥學會飛，就讓牠飛吧。

每個人都可能有這樣的經驗，被一位朋友帶著穿過幾條不曾到過的小巷，去一個陌生的地方，第二次自己來時，竟然無法辨認上次走過的路線；反而當初第一次去的時候如果能按圖索驥，走一路問一路，再來時我們就能十分肯定地找到要找的目標——這就是獨立的境界。

獨立的習慣是成大事者應該必備的條件之一。一個獨立的人，他會堅守信仰，保持自我。只有這樣，才能夠在你的人生道路上不迷失方向，才能為自己的人生塗上一道亮麗的色彩。

智者叮嚀

養成獨立的生活的習慣，這種習慣會在成功的路上助你一臂之力。青年人學會獨立生活，擁有了獨立的品格，你就擁有了成功者必備的一個條件。

勤於思考能獲得成功

勤於思考的人從來不會消極被動地應付工作，他會把日常工作和日常生活中的問題、現象加以分析，這樣不但能透過現象看本質，更能很快地找出事物的內在規律和聯繫，找到工作的方法，做起來得心應手，事半功倍。

要學會思考其實並不難，關鍵在於「勤」，要多思考，常思考，養成勤思考的習慣。遇到困難的時候，決不能灰心喪氣，只要勤動腦，多問幾個「為什麼？」就一定會取得進步。總之，不管是讀書，還有做其他事情，都應該勤於思考，經過思考得來的知識是極為寶貴的。

德國數學家高斯，是近代數學奠基者之一，在歷史上影響之大，可以和阿基米德、牛頓、歐拉並列，有「數學王子」之稱。

高斯非常善於思考，這種良好的思維習慣在他小時候就已經表現出來。高斯的父親是泥瓦廠的工頭，每星期六他都要發薪水給工人。在高斯三歲時，有一次當他正要發薪水的時候，小高斯站了起來說：「爸爸，你弄錯了。」然後他說了另外一個數目。原來小高斯趴在地板上，一直暗地裡跟著他爸爸計算該給誰多少工錢。重算的結果證明小高斯是對的，這把站在那裡的大人都嚇得目瞪口呆。

小高斯十歲時，有一次他的數學老師讓他們全班解答一道習題：立即計算出「1＋2＋3＋4……＋100=？」的答案。這個題目在今天早已家喻戶曉，可是在那個時候、那個場合，對於一群小學生來說，還真不容易。要算出這麼長的算術題耗時不少，孩子們都想爭取第一個算出來，立刻在草稿紙上做了起來。

只有小高斯還沒有開始動手，不是想偷懶，也不是發呆，他在想，難道一定得經過這麼複雜的計算過程嗎？從客觀上說，他在進行思維的計劃，計劃的目的是要尋找一種能夠成倍提高思維效率的策略，這個過程花去了相當於其他同學進行加法計算的二分之一的時間。這時候，老師看見了他，走上前來問他怎麼了，為何還不開始計算。小高斯說他已經知道答案了，是5050。老師十分詫異，問他是否提前做過這道題。高斯於是告訴老師，他透過觀察，發現這一組數字中1加100等於101、2加99等於101……這樣的等式一共有50個，因此這道題可以化簡為「101×50=5050」。

勤於思考的人擁有積極心態。心態決定著狀態！

雷文虎克（Antonie van Leeuwenhoek）一六三二年出生在荷蘭，二十多歲時就到市政府上班，負責簡單的事務工作。

一個偶然機會，他得到一塊凸透鏡，發現能放大鏡子下的東西。可惜這鏡片已很模糊，他就決心重磨一個。他自從迷上磨鏡片後，每天黎明便起床，手捧一塊油石，一塊玻璃，非常認真又十分吃力地磨來磨去。這樣一直磨了四十年，他裡間的屋子成了當時世界上最大、最齊全的透鏡倉庫。

雷文虎克磨鏡成癖，有了鏡子就拿著它到處去照，這也成了癖。他把木塊、蟲子、石塊、肉類等，統統拿到他的鏡子下一一檢查。他發現本是平滑的木塊在他的鏡子下竟是凹凹凸凸，坑坑疤疤，看見一個平常的小蟲子竟像一頭小豬一樣走來，他高興地哈哈大笑。

這一天，外面正淅淅瀝瀝地下著秋雨，雷文虎克聽到這雨聲又生一計，大叫女兒：「瑪麗亞，到院子裡舀一點雨水來！」雨水舀來了，他用像頭髮一樣細的管子吸了一滴，眼睛又貼近在鏡子上不動了。足足有半個小時，他不說話，也不抬頭，彎著腰，只是實在難支持時，揉一下痠睏的眼睛。雷文虎克突然一把抓住女兒的手，大聲喊道：「孩子，你知道你剛才舀回了什麼？這是一個小王國啊。它的人口大概有幾百萬，比我們全國人口還要多。這是些什麼樣的居民啊，奇形怪狀，有的像個圓球，有的是一根長皮條，有的渾身是毛，有的兩個連在一起像個孿生的怪胎……他們個個都不安靜，在不停地飛跑，互相碰撞。他們怎麼總是有用不完的活力啊？他們每天吃什麼好東西？怎樣生活啊？」

雷文虎克自從發現這個奇怪的小王國後，寫成一篇論文。當第一篇又像記錄，又像是一封信的文字寄到英國皇家學會時，學會主持人胡克大吃一驚。他忙找來顯微鏡觀察一滴水，裡面果然有一個小王國。這以後，雷文虎克這個沒有受過正規教育的人，被破例吸收為英國皇家學會會員，成為向微觀世界邁進的第一個開拓者。

思考的力量是巨大的。凡事多想一想，多問一個為什麼，可能好多事情會做得更好一些。

智者叮嚀

有些人之所以能夠取得巨大的成就，並不全是因為他們智力超群，而是他們遇到事情肯動腦筋、勤動腦筋，即使面對的是身邊的小事，也會認真觀察、認真思考。

第二篇

做事，要找最恰當的時機

做事要講究謀略，也就是說要能分清楚輕重緩急，既要有長遠打算，也要有近期目標。否則你今天做的事就會成為明天的累贅。

機會來時絕不能放過

一個人在漫長的成長經歷中，是否能適應社會，是否能更好地生存，很大程度上取決於他是否善於抓住機遇。其實我們每個人都會遇到許許多多的機會，就看你自己能不能很好地抓住機會、把握機會。

培根說過：「機會老人先給你送上它的頭髮，如果你沒抓住，再抓就只能碰到它的禿頭了。」機不可失，時不再來，這是一個淺顯而深刻的道理。

在一個小村落裡，下了一場非常大的雨，洶湧的洪水淹沒了整個村莊。

這時候，一位神父在教堂裡祈禱，眼看洪水已經淹到他跪著的膝蓋了。一個救生員駕著舢板來到教堂，對神父說：「神父，趕快上來吧！不然洪水會把你淹死的！」神父說：「不！我相信上帝會來救我的，你先去救別人好了。」

過了不久，洪水已經淹過神父的胸口了，神父只好勉強站在祭壇上。這時，又有一個員警開著快艇過來，跟神父說：「神父，快上來，不然你真的會被淹死的！」神父說：「不，我要守住我的教堂，我相信上帝一定會來救我的，你還是先去救別人好了。」

又過了一會兒，洪水已經把整個教堂淹沒了，神父只好緊緊抓住教堂頂端的十字架。一架直升飛機緩緩地飛過來，飛行員丟下了繩梯之後大叫：「神父，快上來，這是最後的機會了，我們可不願意見到你被洪水淹死！」神父還是意志堅定地說：「不，我要守住我的教堂！上帝一定會來救我的。你還是先去救別人好了。上帝會與我共在的！」

轉眼前，洪水滾滾而來，固執的神父終於被淹死了……神父上了天堂，見到上帝後很生氣地質問：「主啊，我終生奉獻自己，戰戰兢兢的侍奉您，為什麼你不肯救我！」上帝說：「我怎麼不肯救你？我已經給了你好幾次機會。第一次，我派了舢板來救你，你不要，我以為你擔心舢板危險；第二次，我又派一隻快艇去，你還是不要；第三次，我以貴賓的禮儀待你，再派一架直升飛機來救你，結果你還是不願意接受。所以，我以為你急著想要回到我的身邊來，可以好好陪我。」

幸運和倒楣往往與利用時機有關，有些人在時機失去之後才頓足扼腕，那麼他便註定只是一個十足的倒楣蛋；而有些人明白時機稍縱即逝，因而能及時把握，所以，一生都一帆風順、心想事成。

一八五六年，南北戰爭結束，上天賦予了卡內基絕好的機會，他預料到，戰爭結束之後，經濟復甦必然降臨時，經濟建設對於鋼鐵的需求量便會與日俱增。

於是，卡內基義無反顧地辭去鐵路部門報酬豐厚的工作，合併由他主持的兩大公司——都市鋼鐵公司和獨眼巨人鋼鐵公司，創立了聯合鋼鐵公司。同時讓弟弟湯姆創立匹茲堡火車頭製造公司和經營蘇比略鐵礦。

卡內基認為，美洲大陸現在是鋼鐵時代、鐵路時代，需要建造鐵路、火車頭和鋼軌。於是卡內基開始進攻了。他在聯合製鐵廠矗立了當時世界最大的一座高二十二．五公尺的熔礦爐，聘請化學專家駐廠，檢驗買進的礦石、龍石和焦炭的品質，使產品、零件及原材料的檢驗系統化。卡內基的努力令許多人過去的擔心成為「杞人憂天」。

一八七三年，經濟大蕭條不期而來，銀行倒閉，證券交易所關門，各地的鐵路工程支付款突然被中斷，現場施工戛然而止，鐵礦山及煤山相繼歇業，匹茲堡的爐火也熄滅了。

卡內基斷言：只有在經濟蕭條的年代，才能以便宜的價格買到鋼鐵廠的建材，工資也相對便宜。這時，其他鋼鐵公司相繼倒閉，向鋼鐵挑戰的東部企業家也已鳴金收兵，這正是千載難逢的好機會，絕對不可以失之交臂。於是卡內基走進股東摩根的辦公室，談出了打算建造一個鋼鐵廠的計畫，這個反常的做法，使其贏得了巨大的利潤。

一八九〇年，卡內基兄弟公司吞併了狄克鋼鐵公司之後，一舉將資金增到兩千五百萬美元，取名為卡內基鋼鐵公司，隨後又更名為VS鋼鐵企業集團，建立了卡內基鋼鐵王國。

機會總是會出現的，當機會出現時，一個人能否成功，關鍵在於你有沒有敏銳的眼光，能不能及時抓住它。

智者叮嚀

如果退縮了、放棄了，便會使事情半途而廢，把機遇白白浪費掉，其結果顯而易見，在未來社會中即便不被淘汰，也註定是碌碌無為之輩。

學會向他人借力

會借別人的力量來幫助自己，就等於讓別人為自己工作。無論是你的朋友，還是你的顧客，或者是你根本不曾相識的人……只要你會「借」，就能夠使他們心甘情願地幫你做事，做到「畢其智為己所用」，就一定能夠心想事成。

人並不是天生註定一輩子與成功無緣的。只要有靈活的頭腦，同時能抓住機遇，一樣能勤勞致富。

擁有全世界私人船隻噸位第一的是美國人丹尼爾・路維格（Daniel K. Ludwig），他的成功完全是靠「借錢」來發展的。最初，路維格打算借錢把一艘貨船買下來，再改裝成油輪，因為載油比載貨更為有利可圖。他到紐約去找幾家銀行談借錢的事，人家看了看他那磨破了的襯衫領子，又見他沒有什麼可做抵押，就拒絕借錢給他。路維格來到大通銀行，他對大通銀行的總裁說，他把貨輪買下後，立即改裝成油輪，他已把這艘尚未買下的船租給了一家石油公司。石油公司每月付給的租金，正好可以每月分期還他要借的這筆款子，他提出把租契交給銀行，由銀行去跟那家石油公司收租金，這樣就等於在分期還款。

大通銀行的總裁聽了路維格這番奇怪的言論後，心想：路維格一文不名，也許沒有什麼信用可言，但是那家石油公司的信用卻是可靠的。拿著他的租約去石油公司按月收錢，這自然會十分穩當，除非有預料不到的重大經濟災難發生。但退一步而言，假如路維格把貨輪改裝成油輪的作法結果失敗了，但只要這艘船和石油公司存在，銀行就不怕收不到錢。

於是，大通銀行同意把錢借給了路維格，路維格買下了他所要的舊貨船，改成油輪，租了出去。然後又利用這艘船作抵押來借另一筆款子，從而再買一艘船。路維格的精明之處在於利用那家石油公司的信用來增強自己的信用。

這種情形繼續了幾年，每當一筆債付清之後，路維格就成了這條船的主人，租金不再被銀行拿走，而是由他放入自己的口袋。

後來路維格又準備著手籌建造船公司。他設計一般油輪或其他用途的船隻，在還沒有開工建造的時候，他就與人簽約，願意在船完工的時候把它租出去。路維格拿著船租契約，跑到一家銀行去借錢建船。這種借款是延期分期攤還的方式，銀行要在船下水之後才能開始收錢。船一下水，租費就可轉讓給銀行，於是這筆貸款像他開始借款買船時一樣付清了。等到一切手續辦妥，路維格就成了當然的船主，可是他當初自己並沒有花一毛錢。

當路維格「發明」的這種貸款方式暢通之後，他先後租借別人的碼頭和船塢，繼而借銀行的錢建造自己的船。就這樣，路維格有了自己的造船公司。在第二次世界大戰期間，美國政府購買了路維格所建造的每一艘船，他的造船公司就這樣迅速地發展起來。

「借力」不僅是發財的高招，也是一個成大事者必須具備的能力，畢竟一個人的能力是有限的，如果只憑自己的能力，會做的事很少。當然，自食其力的人是很值得別人去尊敬的。但如果你同時懂得借助他人的力量，就可以無所不能、無往而不勝了。

智者叮嚀

只要你能夠領悟「借力」的思想，學習「借力」的方法，掌握「借力」的技巧，從此你便能夠開始走向成功。

機會屬於有心人

在我們的周圍，有的人有所成就，有的人一事無成，有的人意志消磨了，有的人仍在苦苦追尋，而大多數的人都在埋怨沒有機會，施展不了自己的才華。

機會不是從天上掉下來的，是從熟視無睹的、微小的地方，透過敏銳的觀察分析和發現得來的，並努力地把想法變為行動，讓機遇成為現實。那麼，機會在哪裡？如何把握機會？答案是機會就在你的腳下，就在你的身旁，看你如何去發現和把握。

在一家大型企業有甲、乙、丙三個白領員工，白領甲覺得自己滿腔抱負沒有得到賞識，經常想如果有一天能見到老總，有機會展示一下自己的才幹就好了，但卻只限於空想，並沒有付諸實踐。白領乙也有同樣的想法，他打聽到老總上下班的時間，算好他大概會在何時進電梯，他也在這個時候去坐電梯，希望能遇到老總，有機會可以打個招呼。雖然白領乙也見過幾次老總，但由於沒有深談，並沒有給老總留下印象。白領丙詳細了解老總的奮鬥歷程，弄清老總畢業的學校、人際風格、關心的問題，精心設計了幾句簡單卻有分量的開場白，在算好的時間去乘坐電梯，在跟老總打過幾次招呼後，終於有一天跟老總長談了一次，讓老總對他有了一定的了解，不久就爭取到了更好的職位。

機會，大家都能看到，但由於對待的心理態度不相同，有的抓住成功了，有的輕易放過了。所以許多人雖然一生奔波不息、一身疲憊、一身風塵、一腔辛酸，到頭來兩手空空，一事無成，回首往事感慨連連、悔不當初，然而機會逝去了就再不會回來。把握機遇關鍵是實做，不能只是空想，實做成功，空想誤事，這是真理。

一個人有天晚上碰到一個神仙，這個神仙告訴他說，有大事要發生在他身上了，他有機會得到很大的財富，在社會上獲得卓越的地位，並且娶到一個漂亮的妻子。於是，這個人終其一生都在等待這個奇蹟的承諾，可是什麼事也沒發生。這個人窮困地度過了他的一生，最後孤獨的老死了。他上了西天，又看到了那個神仙，他對神仙說：「你說過要給我財富，很高的社會地位和漂亮的妻子的，我等了一輩子，卻什麼也沒有。」

神仙回答他：「我沒說過那種話，我只承諾過要給你機會得到財富，一個受人尊重的社會地位和一個漂亮的妻子，可是你卻讓這些從你身邊溜走了。」

這個人迷惑了，他說：「我不明白你的意思？」

神仙回答道：「你記得你曾經有一次想到一個好點子，可是你沒有行動，因為你怕失敗而不敢去嘗試？」這個人點點頭。

神仙繼續說：「因為你沒有去行動，這個點子卻在幾年後被另外一個人發現了，那人毫無顧慮地去做了。你可能記得那個人，後來他變成全國最富有的人。還有，你應該還記得，一次城裡發生了大地震，城裡大半的房子都毀了，好幾千人被困在倒塌的房子裡，你有機會去幫忙拯救那些存活的人，可是你卻怕小偷會趁你不在家的時候，到你家裡去打劫，偷東西。」這個人不好意思地點點頭。

神仙說：「去拯救幾百個人，那是你的好機會，那個機會可以使你在城裡得到多大的尊榮和榮耀啊！」

神仙繼續說：「你記不記得有一個頭髮烏黑的漂亮女子，那個你曾經受到非常強烈吸引的，你從來不曾這麼喜歡過，之後也沒有再碰到過像她這麼好的女人？可是你想她不可能會喜歡你，更不可能會答應跟你結婚，你因為害怕被拒絕，就讓她從你身旁溜走了？」

這個人又點點頭，可是這次他流下了眼淚。

神仙又說：「我的朋友啊！就是她！她本來應是你的妻子，你們還會有漂亮的小孩。跟她在一起，你的人生將會有許許多多的快樂。」

有一句話更是將「機會」分析得入木三分：機會像小偷，他來時悄無聲息，可是當他離開時，你卻發現自己損失慘重！正是因為機會如此神秘而又如此重要，所以有多少人窮其終生，滿世界去尋找實現心中夢想的機會。可是這樣的人又往往會空手而歸，因為他們不知道最好的機會其實就在「身邊」！

智者叮嚀

因為害怕被拒絕而不敢跟人們接觸；因為害怕被嘲笑而不敢跟人們溝通情感；因為害怕失落的痛苦而不敢對別人付出承諾。最後，也會因為這諸多的害怕而失去太多的機會，終其一生一事無成。

處理事情時需要彈性

為人處世要講究彈性，也就是凡事要靈活一點。比如，麵粉放上水揉一下，然後一捏，麵粉很容易散開，但是你繼續揉，揉過千遍萬遍以後，它就再也不會散開了，這是因為它有了彈性。

所謂彈性，那就是能屈能伸。剛硬的玻璃，雖然明澈，卻經不起丸石的一擊；細柔的藤條，因其堅韌，才使它充滿活力。在有些場合，比如在大是大非的原則上，我們應該像玻璃一樣剛硬透明，但在一些細小的問題上，我們又必須像細柔的藤條一樣，顯示它的靈活性與多變性。

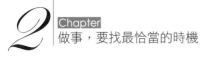

有一位新婚不久的年輕人，通過重重面試，終於獲得了一份薪資待遇頗高的工作。為了在公司好好發展，他與妻子商量，在離公司不遠的地方挑選了一間房子，兩個月後，他們好不容易把家從南部搬到北部。

誰知，當他把一切安頓好之後，自己也慢慢地適應了這裡的環境，公司經理竟主動問他：「會不會介意調到國外去工作？」他當時竟不知道該怎麼回答，只說回家以後好好考慮一下。

對其他同事而言，這是個大好的機會。他雖然也非常高興，但是一想到妻子，他便有了許多顧慮。一來，他才剛結婚不久，二來，這裡的房子還是貸款買的，若為了追求工作上的挑戰就拋下這一切，實在很難向妻子及她的娘家人交代。但若放棄了這個好的機會，自己一定會覺得很後悔。在內心掙扎了幾天之後，他決定告訴妻子，並且徵求一下她的意見。

當他把一切跟妻子說明以後，沒想到妻子很明事理，她說：「明知道若不接受挑戰，將來會後悔，就應該及時把握。再說，我們還這麼年輕，如果現在都缺乏彈性不能去適應這多變的人生，以後還要怎麼去面對更多的問題呢？你放心吧，就把它當做我們鍛鍊彈性和適應能力的機會吧！」

這位年輕的妻子講得好。根據美國人力資源市場的專家研究表示，在經濟不景氣的時期，很多資深工作者或高層白領主管，都很容易在一夜之間丟掉飯碗，至於他們能不能東山再起，關鍵就在於他們是不是具備轉換不同工作及職務的彈性。

加拿大魁北克有一條南北走向的山谷。山谷沒有什麼特別之處，唯一能引人注意的是它的西坡長滿松、柏等樹，而東坡卻只有雪松。這一奇異景色之謎，許多人不知所以，然而揭開這個謎的，竟是一對夫婦。

那年的冬天，這對夫婦的婚姻正瀕於破裂的邊緣，為了找回昔日的愛情，他們打算做一次浪漫之旅，如果能找回昔日的愛情，就繼續生活，否則就友好分手。他們來到這個山谷的時候，下起了大雪，他們撐起帳篷，望著滿天飛舞的大雪，發現由於特殊的風向，東坡的雪總比西坡的大且密。不一會兒，雪松上就落了厚厚的一層雪。不過當雪積到一定程度，雪松那富有彈性的枝丫就會向下彎曲，直到雪從枝上滑落。這樣反復地積，反復地彎，反復地落，雪松完好無損。可其他的樹，卻因沒有這個本領，樹枝被壓斷了。妻子發現了這一景觀，對丈夫說：「東坡肯定也長過其他的樹，只是不會彎曲才被大雪摧毀了。」少頃，兩人突然明白了什麼，擁抱在一起。

做人不可無傲骨，但做事不可能總是昂起高貴的頭。生活中我們承受著來自各方面的壓力，有時會讓我們覺得難以承受。這時候，我們需要像雪松那樣彎下身來，靈活應對。

智者叮嚀

彈性是一種「無限」，也是一種承受力。轉一個彎，退一步；忍一時，少說一句，多為別人想一想，都是開發彈性的捷徑。

用別人的智慧武裝自己

借力，不僅要「借用」他人的智慧和頭腦，更要學會對人力資源合理開發，做到可持續利用，而非竭澤而漁。

三國時的劉備，文才不如諸葛亮，武功不如關羽、張飛、趙雲，但他有一種別人不及的優點，那就是善於利用別人的智慧武裝自己的頭腦，善於團結那些有能耐的人為我所用。和劉備處於同一時期的曹操也曾言：「我任天下之智，以道禦之，無所不可。」可見，能夠發現自己和別人的才能，並能為我所用的人，就等於找到了成功的力量。聰明的人總是善於從別人身上吸取智慧的營養補充自己。因為，從別人那裡借用智慧，比從別人那裡獲得金錢更為有價值。

讀過《聖經》的人都知道，摩西算是世界上最早的教導者之一。他懂得一個道理：一個人只要得到其他人的幫助，就可以做成更多的事情。當摩西帶領以色列子孫前往上帝許諾給他們的領地時，他的岳父傑塞羅發現摩西的工作實在過度，如果他一直這樣下去的話，人們很快就會吃苦頭了。於是傑塞羅想法幫助摩西解決了問題。他告訴摩西將這群人分成幾組，每組一千人，然後再將每組分成十個小組，每組一百人，再將一百人分成兩組，每組各五十人。最後，再將五十人分成五組，每組各十人。然後，傑塞羅又教導摩西，要他讓每一組選出一位首領，而且這位首領必須負責解決本組成員所遇到的任何問題。

摩西接受了建議，並吩咐那些負責一千人的首領，分別找到知己勝任的夥伴。這樣，一層一層地進行了分解，使每一個組的人都有一個頭領，每一個人的智慧都得到了利用，真正做到了人盡其才，才盡其用的目的。

美國是一個移民的國家，也是當今世界上經濟、科技最發達的國家。一部美國經濟的發展史，可以說就是一部利用別人的智慧為我所用的發展史。

在二十世紀前，美國科技人才數量少，科學研究基礎比德、英、法等國家落後。第一次世界大戰結束後，希特勒在德國執政，他實行排猶的法西斯政策，把一大批猶太人趕出德國。當時，美國敞開國門大力接收歐洲的猶太移民，吸收了包括著名物理學家愛因斯坦、核子物理學家費米在內的兩千多名猶太裔科學家，直接導致了「曼哈頓」工程的成功，搶先一步在納粹德國之前研製出了原子彈，為「二戰」取得勝利贏得了軍事技術上的主動。

「二戰」以後，美國的科學技術突飛猛進，成為全世界高新技術的「霸主」，這與美國利用外來人才、借用他人的智慧是分不開的。「二戰」後美國取得的科技成果中，有八十％是由引進的外國人才完成的。美國核武器的研製、《阿波羅登月計畫》的實施、電腦的誕生和應用，在很大程度上都是依靠移居美國的科學家們實現的。

加州大學公共政策研究院的教授沙克斯尼安在一篇最新研究報告中指出，二〇〇二年他對舊金山灣區十七家頂尖公司的兩千多名成員進行調查後發現，其中九十％的人是在美國以外地區出生的。在這些非美國土生土長的科技人員中，四十三％來自台灣和中國。沙克斯尼安認為這些美國以外出生的專業人員是全球經濟轉型的原動力。

人才對於一個國家的發展無比重要，對於一個企業、一個社會更是如此。曾記得電影《天下無賊》裡面有一句搞笑的臺詞，是葛優說的，他說：二十一世紀，最需要的是什麼？是人才啊！可見，人才就是財富，人才就是寶藏。它是取之不盡，用之不完的源泉。

智者叮嚀

能夠發現自己和別人的才能，並能為我所用的人，就等於找到了成功的力量。聰明的人總是善於從別人身上吸取智慧的營養補充自己。因為，從別人那裡借用智慧，比從別人那裡獲得金錢更為有價值。

出奇方能制勝

出奇制勝就是打破常規，用對手意想不到的新奇手段戰勝對手。它的核心，就是「變化」二字，而「變化」，正是宇宙間一切事物運行的普遍規律。唯物辯證法認為，宇宙間萬事萬物都是發展變化的，唯有發展變化的這個規律是不變的。

「出奇制勝」的方法早在我國古代就被廣泛應用於戰爭之中，其中最傑出的代表當屬孫氏父子孫子和孫臏兩人，他們常常「出其不意，攻其不備」地把敵人打得落花流水。後來的拿破崙、諸葛亮等人都是一而再、再而三地運用「出奇制勝」這個法則，以少勝多，以弱勝強，從而不斷創造軍事上的奇蹟，取得輝煌的勝利。

齊湣王是個昏庸無道的君主，在他的統治下，老百姓過著生不如死的生活。燕國見時機已經成熟，便派自己的得力大將聯合另外幾個國家一起攻打齊國。齊國的老百姓恨透了魚肉百姓的齊湣王，因此燕國來犯時，齊軍士氣低沉，無心抵抗。後來，他們看到燕兵燒殺搶劫，無惡不作，心裡過意不去，於是逃往莒城和即墨兩城誓死抵抗。

燕軍攻了好幾年，一直都沒有攻下莒城，於是只好轉攻即墨城。即墨城中的田單是位足智多謀的守城大將軍。他想，和燕軍硬來是不行的，於是想出了一個出奇制勝的妙計，叫「火牛陣」。他先叫城內的商人，假裝拿著金銀財寶偷偷送到燕軍將領手中，告訴他們要投降，並且說：「我們的兵力不夠了。請求大人千萬別殺我們！這些珠寶是我們的一點心意。」燕軍一聽，喜形於色，當晚就大擺慶功宴，大魚大肉，毫無警戒。

而田單這邊從城外收集來一千多頭牛，並且將這些牛都披上五彩龍紋衣，尾巴上綁上草。在一個伸手不見五指的夜晚，他一聲令下，將領們整齊地用火點燃牛尾巴上的草，牛被火燙到之後，瘋狂的往前跑。燕軍被群牛踐踏的聲音驚醒，只看到一大群五彩怪獸橫衝直撞，燕軍嚇得屁滾尿流，四處亂逃。田單乘勝追擊，不僅擊退了燕軍，還收復了被燕軍占領的七十多個城邑。

「出奇制勝」這個法則不僅用於軍事上，在商界它也屢建奇功，歷代不少商界英豪就是運用它而擊敗對手，搶占市場，成為巨富的。不但如此，在體育界，在股市，在一切有競爭的場所，我們都可以看到「出奇制勝」的成功事例。

澳大利亞有一家餐館老闆，挖空心思想出一招：顧客就餐後，吃得滿意，可以多付款，吃得不滿意，可以少付款。此招一出，許多顧客紛紛來餐館用餐，也因把握不準「價格標準」而不好意思少付錢，所以餐館每月獲利竟比同行高出一倍多。

據統計，約有九十%的顧客超過付款標準，七%的顧客按標準付款，而鑽漏洞的僅占三%，這種出奇的經營方法，說明經營者有膽有識，勇於冒風險，並且善於研究消費心理，引導消費。好奇心驅使人們要來看個究竟，於是自然而然就邁入這家餐館，使餐館取得頗豐的經濟效益。

出奇制勝，是一種智慧，就是要敢想常人之不敢想；出奇制勝，是一種勇氣，就是要敢做常人之不敢做。

智者叮嚀

要想超出眾人，出類拔萃，就必須有一點「絕招」，才能想人所未想，為人所未為，出奇制勝。

借勢成事顯智慧

每一個人都想活得體面，活得瀟灑，要想解決這些問題，除了自身的不懈努力之外，更需善於借勢。正所謂天時、地利、人和，缺一不可，自身缺少某一樣的時候，就要善於從他處借勢。

一個人有無智慧，往往表現在做事的性格上。山外有山，人外有人。自然，借用別人的智慧，助己成功，是必不可少的成事之道。

東漢末年，曹操在平定北方、統一中原之後，統率二十萬（號稱八十萬）大軍沿長江東進，企圖迫使占有江南六郡的孫權不戰而降，然後一統中國。

這時候，屢遭敗績的劉備已退守到長江南岸的樊口。受劉備的委託，諸葛亮隻身一人前往柴桑會見孫權。諸葛亮舌戰群儒，堅定了孫權迎戰曹操的決心，於是，孫權和劉備結為聯盟，共同抗曹，孫、劉的軍隊與曹操的軍隊在赤壁相遇，拉開了赤壁大戰的序幕。

曹操軍隊不善水戰，初次交鋒，孫、劉占了上風。曹操命令荊州降將蔡瑁、張允訓練水軍，周瑜大會群英，巧施離間計，使曹操斬殺蔡瑁、張允。曹操失去善於水戰的指揮，窘迫之際，將大船、小船或三十為一排，或五十為一排，首尾用鐵環連鎖在一起。這樣，大江之上，任憑風大浪大，戰船不再顛簸，曹操以為得計。

周瑜得知消息，決心用火攻打敗曹軍。但是，時值冬季，江上多西北風，如果用火攻，不但燒不了曹軍，反倒要燒了自家戰船，周瑜為此坐臥不寧。而諸葛亮能察天文地理，早已測知冬至前後將會有一場大東南風出現，於是自告奮勇，要「借」一場東南大風，助周瑜一臂之力。

周瑜驚喜若狂，又得大將黃蓋以死相助，以「苦肉計」騙得曹操的信任。在東南風乍起之時，駕著十餘隻載滿澆上了油和裹有硫黃、乾草等易燃物的戰船，在夜幕來臨之際，迅速接近了曹操的戰船。黃蓋一聲令下，點燃乾草，十餘艘戰船在東南風的勁吹之下，猶如十餘隻火龍，直撲曹操的戰船。

剎時間，江面上煙火沖天。曹操的戰船連在一起，一船著火，幾十隻船跟著起火，曹操的水軍士兵大部分被燒死、溺死在江中。火從江面蔓延到曹軍岸邊的營寨，岸邊的曹營也變成了一片火海。

孫、劉聯軍乘勢水陸並進，曹操從華容道僥倖逃得性命，二十萬大軍損失殆盡。

讓我們再舉一個借勢成事的例子：

一九八〇年，美國總統競選的決戰在共和黨候選人雷根，與民主黨候選人卡特之間進行，由於當時二人的實力旗鼓相當，因此他們展開了美國競選史上最激烈的爭奪戰。

當時的卡特是已經當政四年的在職總統，但政績並不突出，而且內政方面不能令人滿意，令國內通貨膨脹加劇，失業人數猛增等等。人們對這些有關國計民生的問題十分不滿，怨聲載道。而這些正好成了雷根手中的王牌，他集中火力攻擊卡特經濟政策失誤，並聳人聽聞地宣稱他要消除「卡特大蕭條」。

而這時的卡特也抓住廣大民眾關心的戰爭與和平問題，指責雷根增加防務開支的主張是好戰之舉。

雷根與卡特就是這樣唇槍舌劍，拳來腳往，雙方一時難決雌雄。二十世紀八十年代的美國，廣播、電視、報紙等大眾傳播媒介對人們的影響極為廣泛。一個人的形象，在美國民眾的心中往往占有重要位置，有時甚至直接決定了選民投誰一票。所以，總統選舉，與其說是選民在選擇候選人的政策綱領，不如說是在品味候選人的性格、智慧、精力、風度。在這方面，雷根可以說是占據得天獨厚的優勢。

在雷根成為共和黨總統候選人之後，他當年在好萊塢演過的電影，一下子成了熱門，全國各地影劇院、電視臺爭相放映。這股雷根影視熱風，無疑替雷根做了一次絕好的宣傳。人們從影視中看到，當年的雷根英俊瀟灑、精明能幹，而現在仍然生機勃勃、幹勁十足，風度不減當年。

在雷根影視風興起的同時，還借電視媒體極力展示自己的風采。在與卡特的電視辯論中，雷根表現得能言善辯、妙語連珠，而卡特則相形見絀，呆板遲鈍，結結巴巴。因此在投票之前關鍵性的一場電視辯論後，民意測驗的結果，支持雷根的人上升到六十七％，支持卡特的人下降為三十％。一九八〇年十一月四日大選結果，雷根以絕對優勢大獲全勝。

善於借勢是成大事者最普遍採用的方法之一，其絕佳效果在於借力發揮，占得主動；也就是說，它的直接效果是：花最小的力氣，取得最大的收穫。

智者叮嚀

借勢是一種高智慧的謀略，可以以少勝多，以弱勝強、以小搏大，是一種獲得優勢或轉危為安、轉弱為強的策略。

請耐心等待時機

不管一個人經受了多少打擊，也不管他經歷了多少苦難，只要有恆心，有耐力，有毅力，總會找到生機。哪怕是那種不得不隱忍等待的時候，也應抱有希望和夢想，因為只要忍耐就一定可以渡過難關。

有時候人們忍耐一時之氣，不是因為他們懦弱，而只是因為當時實力尚不如人，為了保存實力而不得不忍，等到有利時機來臨時再一鼓作氣地反擊。很多成就大事的人都經歷過這樣的階段，譬如唐玄宗李隆基。

唐中宗李顯的皇后韋氏，是一個專權放蕩而又心狠手辣的女人。她自從登上皇后位置，便想把過去受的苦都彌補過來，所以處處仿效武則天，一心要專權。中宗臨朝，她就垂簾於後，參與政事。中宗原本性情就溫和，又與韋后同甘共苦多年，對她十分信任，所以很多事情都放手讓她處理。而韋后一旦掌權，便安插親信，消滅反對者。韋后在生活上也十分放蕩，先後與武三思、和尚慧范等私通。

朝臣郎岌和燕欽融冒死上書，揭露韋后干亂國政，並控告安樂公主、武延秀、宗楚客等追隨韋后圖危社稷。中宗原本對安樂公主十分寵愛，因為安樂公主是他和韋后被貶庶時生下的女兒，從嬰兒時期就跟著父母親吃苦，所以他總覺得對不起這個小女兒，處處容忍她。可是這回中宗經過調查，認為情況屬實，就有了廢后的打算，並準備教訓女兒一下。可是韋后和安樂公主竟然在中宗的食物中下毒，將這個溫和的皇帝毒死了。

韋后在中宗死後，立他十六歲的幼子李重茂為帝，自己以太后的身份臨朝稱制。宗楚客等勸韋后仿效武則天，革除唐命，謀害李重茂，另立新朝。已經被權力的欲望所深深迷惑的韋后，深忌原來做過皇帝的小叔子相王李旦，便籌畫先除掉李旦，再害死李重茂，以清洗政敵防止暴動。

相王李旦之子臨淄王李隆基，目睹韋后的暴虐行徑，痛心疾首。面對韋后的強權淫威，他毫不畏懼，暗地招募勇士、豪俠及御林軍中志同道合的人，策劃著挽救唐王朝的命運，把皇權從韋后手中搶回來。兵部侍郎崔日用知道宗楚客等人的陰謀，就秘密派人通報李隆基，讓他早作打算。

李隆基與姑母太平公主等人秘密籌畫，決定興兵靖逆，先發制人。李隆基憤怒地說：「韋后干預朝政，淫穢宮廷，毒死中宗，臨朝稱制，現在又預謀屠殺幼帝，清洗異己，實在是天下共憤，罪不容誅。」但是很多人都認為韋后大權在握，京城各門都有重兵把守，御林軍也在韋氏的掌握之中，萬一機事不密，計畫不周，就會招來殺身之禍。李隆基堅定地說：「大唐國運，危在旦夕，我作為皇室宗孫，怎麼能坐視不問呢？古今成大事者，都要有一點冒險精神，鋌而走險或許能夠成功；畏懼退縮，只能坐以待斃！」他的果決感動了許多追隨者。

還有人說：「這麼大的事，應該先告訴相王，聽聽他的意見。」李隆基反對說：「我們發動大事，目的在於報效國家，事成則福歸相王，不成則以身殉國，也不會連累相王。現在告訴他，如果他同意，則有參與險事的嫌疑；不同意又會壞了我們的大事。」

一切準備妥當後，在中宗死後的第十八個晚上，李隆基與劉幽求等人穿著便裝，來到禁苑中找鍾紹京商議。但是鍾紹京臨時反悔，拒絕接待李隆基等人。眼看離約定的時間還差兩個時辰，李隆基心知這要是走漏了風聲，大事就完了，很多人的性命也就要結束了。於是，他派劉幽求帶重金從後門進去，煽動鍾妻許氏。許氏果然一口應承，對鍾紹京勸說道：「捨身救國，天必相助，況且你事先已經參與同謀，如今就是想不做也不成了，日後若是走漏風聲，你一樣會被韋氏殺掉的。」

鍾紹京被說動了，同意幫助李隆基。

入夜，李隆基率兵潛入禁苑，御林軍早已屯居玄武門。李隆基直搗御林軍總管韋播的寢處，殺了韋播，然後提著人頭集合御林軍，慷慨宣稱說：「韋后毒死先帝，亂政篡權，危害大唐國運。現在奉相王之命，為先帝報仇，捕殺諸韋和一班逆臣，擁立相王以安天下！如有助逆為虐者，罪殺三族。事成之後論功行賞。報效國家、建功立業的時機到了，大家快隨我來！」

這番話得到御林軍將士的回應和支持，李隆基率領眾豪傑與御林軍總兵鍾紹京帶領的三百丁匠，合兵一處，直趨韋后寢宮。韋后見亂，立即向飛騎營逃去。李隆基追上去，親手誅殺了韋后。

李隆基從少年時起就心懷大志，但一直隱忍不發，直到韋后毒殺中宗，時機成熟，他才一鼓作氣地率兵推翻了韋氏政權。他的忍而勃發一擊即中。

忍耐是需要勇氣的：對一個理想或目標全身心地投入，而且要不屈不撓，堅持到底，百折不回。懦弱的人根本做不到，就像白朗寧所說：「有勇氣改變你能夠改變的，願意接受你無法改變的，並且明智地判斷你是否有能力改變。」

智者叮嚀

當我們在生活中遇到各種困難、挫折，或者機遇不足的時候，不妨也耐心等待一段時間。只要沉住氣，真正的機會總會來到面前的。

善於利用他人的智慧

浩瀚的大海是由千千萬萬滴水匯聚而成的，集體的智慧和力量也是由個人聚集而成的，只有每一個人都發揮才智，集體才會有無窮的智慧和力量。古人云，三人行，必有我師。借助別人的智慧解決和處理問題，往往能夠收到事半功倍的效果。

一個閉門造車的人很難搞出什麼新創意，不利用前人智慧的人更不必奢談偉大的成就。創新需要我們最大程度吸收前人的成果，那些知識和成果是人類的共同財富，當然也可以為你所用。我們要善於站在前人的肩膀上，開拓全新的未來。

牛頓在科學上取得那麼偉大的成就，當別人無比讚譽他時，他卻謙遜地說：「我不過是站在巨人的肩膀上。」牛頓的這句話，除了謙虛之外，其實還包含著深刻的啟示：我們要學會利用前人已有的知識，在此基礎上創新，就更可能成功。

愛迪生發明燈泡的過程，就是一個很好的例證。愛迪生以別人已經證實的事實作為開始：一條金屬線接觸電之後會發熱，最後還會發光，但問題卻在於強烈的熱度，很快就把金屬線給燒斷了。所以，光的壽命只有幾分鐘而已。

愛迪生在控制熱的過程中，曾經歷過一萬多次的嘗試，而他最後所發現的方法，也是以一項其他人都不曾察覺到的普遍事實作為根據。他發現「炭」，是經過木頭燃燒、被土壤覆蓋，並在土壤中悶燒，直到被燒焦後所得到的產物。由於土壤的覆蓋，致使流向炭的氧氣量減少，只是供其悶燒而不會燃燒。

當愛迪生想到這個事實之後，便立刻聯想到對金屬絲加熱的念頭，他把金屬絲放在一個瓶子裡，並抽出瓶中大部分的空氣。他利用這種方法發明了第一個壽命長達八個半小時的燈泡。

這種創新方法也可以用到企業的經營管理中去。

史泰博是雜貨業的一位成功的管理人員，在經營以康乃狄格州為基地的連鎖事業時，他開設了為許多家庭提供大量生活用品的大型超市，為顧客提供價格低廉的服務。

這些連鎖店經營得非常成功，使史泰博在雜貨這一行建立起相當好的聲譽。但是，他並不因此而感到滿足，他想到雜貨店的經營概念是否可應用到其他方面。

史泰博想要以現代化的經銷方法，在較大的市場上開一家大型辦公室用品供應店，並提供給顧客一些有價值的商品。他和凱恩（一位創辦大型連鎖超市的先驅）成立了智囊團，並在不久之後成立了第一家大型辦公室用品供應店：Staples。

史泰博的想法立刻激發他的競爭者，並對這一行造成重大的變革。雖然市場上有強大的競爭，但是Staples的業績卻超過史泰博想像的程度，七年的營業額就超過了十億美元。

建超級市場的構想，並不是史泰博發明的，但是他卻能把超市的經營方式，應用到一個數十年來的普通市場，從而獲得了巨大成功。

智者叮嚀

一個人，不管能耐有多大，他的智慧和才能都是有限的。唯有借助他人的能力和智慧，取長補短，才能在全球化迅速發展的今天，有更光明的前途。

第三篇

做人，不要迷失方向

一個人的目標越具體，離成功就越近，哪怕是每天成功一點點，也會逐步到達成功的彼岸。反之，一個人沒有奮鬥的目標，不知道自己要做什麼，能做什麼。最終，可能一事無成。

目光一定要看得長遠

成功和失敗不是一夜造成的，都是一步一步積累的結果。為自己制訂目標時，要掌握自我而不受控於環境，都得把眼光放遠一些。

把你的目光放遠大些，沒有哪個人或企業是因為短視而成功的。本田宗一郎創辦本田汽車公司的過程，證明了這一點。

一九三八年，本田還是一名學生時，就變賣了所有家當，全心投入研究裝造心目中所認為理想的汽車活塞環。他夜以繼日地工作，與油污為伍。累了，倒頭就睡在工廠裡。一心一意期望早日把產品裝造出來，好賣給豐田汽車公司。為了繼續這項工作，他甚至變賣妻子的首飾。最後，產品終於研製出來了，並送到豐田去，但是被認為品質不合格而打了回來。為了求取更多的知識，本田只得回學校苦修兩年，這期間，經常為了自己的設計而被老師或同學嘲笑，被認為不切實際。

但是，本田無視於這一切痛苦，仍然咬緊牙關朝目標前進，終於在兩年之後取得了豐田公司的購買合約，完成他長久以來的心願。但此後一切並不就一帆風順，他又碰上了新問題。當時因為日本政府發起第二次世界大戰，一切物資吃緊，禁賣水泥給他建造工廠。

本田是否就此放手了呢？沒有。他是否怨天尤人了呢？他是否認為美夢破碎了呢？一點都沒有！相反的，本田決定另謀他途——他和工作夥伴研究出新的水泥製造方法，建好了他們的工廠。戰爭期間，這座工廠遭到美國空軍兩次轟炸，毀掉了大部分的製造設備。本田沒有退縮，他立即召聚了一些工人，去撿拾美軍飛機所丟棄的汽油桶，作為本田工廠製造所需用的材料。在此之後，他們又碰上了地震，毀壞了整個工廠。這時，本田不得不把製造活塞環的技術賣給豐田公司。

本田實在是個了不起的人，他清楚地知道邁向成功該怎麼走，除了要有好的製造技術，還得對所做的事深具信心與毅力，不斷嘗試並多次調整方向，雖然目標還不見蹤影，但他始終不屈不撓。

第二次世界大戰結束後，日本遭逢嚴重的汽油短缺，本田根本無法開著車子出門去買家裡所需的食物。在極度沮喪下，他不得不試著把馬達裝在腳踏車上。他知道如果成功，鄰居們一定會央求他給他們裝部摩托腳踏車。果不其然，他裝了一部又一部，直到手中的馬達都用光了。他想到，何不開一家工廠，專門生產自己發明的摩托車？可惜的是他欠缺資金。

本田下定決心，無論如何都要想出辦法來，最後他決定求助於日本全國一萬八千家腳踏車店。他給每一家腳踏車店用心寫了封言辭懇切的信，告訴他們如何借著他發明的產品，在振興日本經濟上扮演一個角色。結果說服了其中的五千家，湊齊了所需的資金。然而當時他所生產的摩托車既大且笨重，只能賣給少數的摩托車迷。為了擴大市場，本田親自動手把摩托車改得更輕巧，一經推出便贏得滿堂彩，因而獲頒「天皇賞」。隨後他研製的摩托車又外銷到歐美，趕上了戰後的嬰兒消費潮。二十世紀七〇年代，本田公司便開始生產汽車，並獲得佳評。

今天，本田汽車公司在日本及美國共雇有員工超過十萬人，是日本最大的汽車製造公司之一，其在美國的銷售量僅次於豐田。

本田汽車之所以能夠有今天的輝煌，是因為本田先生深知，自己所作的決定或採取的行動，有時候只是應對眼前的暫時局面，然而要想成功，就必須把眼光放遠。

智者叮嚀

沒有長遠的規劃，只作短期的打算，不僅會蒙受金錢和名譽上的嚴重損失，同時也會賠上時間成本。

從挫折中吸取經驗教訓

在人生的旅途中，誰都難免遭受挫折，誰都難免會遇煩惱。所不同的是，聰明人總是將挫折當做成功的先兆，煩惱自然會減少；失敗者總是將挫折當做人生的不幸，煩惱自然會增多。

沒有人會不勞而獲，在走向成功的道路上，既要付出汗水，還要勇敢面對挫折與失敗。從挫折中汲取教訓，是邁向成功的踏腳石。當我們觀察成功人士時，會發現他們的背景各不相同。那些大公司的經理、政府官員，以及每一行業的知名人士都可能來自清寒之門、破碎家庭、偏僻的鄉村，甚至於貧民窟。這些成功的人，他們都經歷過艱難困苦的階段。

許多年前，一位聰明的老國王召集大臣，讓他們編一本《古今智慧錄》，留傳給子孫。這些大臣工作很長時間，完成了一套十二卷的巨作。國王說太厚，需要濃縮。這些大臣又經過長期的努力，變成了一卷書。然而，國王還嫌太長。於是，這些人把一卷書濃縮為一章，然後縮為一頁，再變為一段，最後變成一句話。聰明的國王看到這句話，顯得很得意。他說：「這是古今智慧的結晶。全國各地的人一旦知道這個真理，我們大部分的問題就可以解決了。」這句話就是：挫折是一筆可貴的財富。

把每一個「失敗」先生拿來跟「平凡」先生以及「成功」先生相比，你會發現，他們各方面（包括年齡、能力、社會背景、國籍以及任何一方面）都很可能相同，只有一個例外，就是對遭遇挫折的反應不同。「失敗」先生跌倒後，就無法爬起來了，他只會躺在地上怨天尤人。「平凡」先生則會跪在地上，準備伺機逃跑，以免再次受到打擊。但是，「成功」先生的反應跟他們不同。他被打倒後，會立即站起來，汲取這次跌倒的寶貴經驗，繼續往前衝刺。

哈佛大學的一位教授曾講過一個故事：

幾年前，他把畢業班的一個學生的成績打了個不及格，這件事對那個學生打擊很大。因為他早已做好畢業後的各種計畫，現在不得不取消，真的很難堪。他只有兩條路可走：第一是重修，下年度畢業時才拿到學位。第二是不要學位，一走了之。

在知道自己不及格時，這位學生非常失望，他找這位教授要求通融一下。在知道不能更改後，他向教授大發脾氣。這位教授等待他平靜下來後，對他說：「你說的大部分都很對，確實有許多知名人物幾乎不知道這一科的內容。你將來很可能不用這門知識就能獲得成功，你也可能一輩子都用不到這門課程裡的知識，但是你對這門課的態度卻對你大有影響。」

「你是什麼意思？」學生問道。

教授回答說：「我能不能給你一個建議呢？我知道你相當失望，我了解你的感覺，我也不會怪你。但是請你用積極的態度來面對這件事吧。這一課非常非常重要，如果不由衷地培養積極的心態，根本做不成任何事情。請你記住這個教訓，五年以後就會知道，它是使你收穫最大的一個教訓。」

後來這個學生又重修了這門課，而且成績非常優異。不久，他特地向這位教授致謝，並非常感激那場爭論。

「這次不及格真的使我受益無窮。」他說，「看起來可能有點奇怪，我甚至慶倖那次沒有通過。因為我經歷了挫折，並嘗到了成功的滋味。」

我們都可以化失敗為勝利，從挫折中汲取教訓。

在福特工作已三十二年、當了八年總經理、工作一帆風順的艾柯卡，突然間被妒火中燒的大老闆亨利·福特開除而失業了，艾柯卡痛不欲生，他開始喝酒，對自己失去了信心，認為自己要徹底崩潰了。

就在這時，艾柯卡接受了一個新挑戰：應徵到瀕臨破產的克萊斯勒汽車公司出任總經理。憑著他的智慧、膽識和魅力，艾柯卡大刀闊斧地對克萊斯勒進行了整頓、改革，並向政府求援，舌戰國會議員，取得了巨額貸款，重振了企業雄風。在艾柯卡的領導下，克萊斯勒公司在最黑暗的日子裡推出了K型車的計畫，此計畫的成功令克萊斯勒起死回生，成為僅次於通用汽車公司、福特汽車公司的第三大汽車公司。

一九八三年七月十三日，艾柯卡把生平僅有的面額高達八·一三億美元的支票交到銀行代表手裡，至此，克萊斯勒還清了所有債務，而恰恰是五年前的這一天，亨利・福特開除了他。

不管是暫時的挫折還是逆境，只要能把它當做是一種教訓，那麼它就不會在一個人的意識中成為失敗。事實上，在每一種逆境，每一個挫折中，都存在著一個持久性的有益的教訓。而且，通常說來，這種教訓是無法以挫折以外的其他方式獲得的。

智者叮嚀

若每次失敗之後都能有所「領悟」，把每一次失敗當作成功的前奏，那麼就能化消極為積極，變自卑為自信。

目標指引成功之路

我們研究成功者獲得成功的原因時，就會發現，他們每一個人都各有一套明確的目標，都已訂出達到目標的計畫，並且花費最大的心思和付出最大的努力來實現他們的目標。

從貧窮到富有，第一步是最困難的。其中的關鍵，在於你必須了解，所有財富和物質的獲得，都必須先建立清晰且明確的目標。當目標的追求變成一種執著時，你就會發現，你所有的行動都會帶領你朝著這個目標邁進。

一九五三年，美國曾有專家對耶魯大學的畢業生做過這樣一次研究。當時那些畢業生被詢問是否有清楚明確的目標以及實現目標的書面計畫時，結果只有三％的學生有肯定的答復。二十年後，在一九七三年，重新調查了一下當年接受訪問的人，結果那些有實現目標書面計畫的三％的學生，在財務狀況上遠高於其他九十七％的學生。雖然這項調查只限於財務方面，但是根據調查人員側面的觀察，似乎那三％的人在幸福及快樂的程度上，也高於其他的人。這就是設定目標的力量。

到達目的地是前進的另一種動力。這是一個真實的例子，它將告訴我們，一個人若是失去了自己的目的地，便會有什麼樣的後果。

智者叮嚀

目標可以給我們正確的方向、無限的力量，應該把目標放在我們的正前方，當我們碰到問題，遇到瓶頸時，抬頭看看我們的目標，一切就變得簡單，變得容易。如果一個人沒有目標，就只能在人生的旅途上徘徊，永遠到不了任何地方。

把危機當做契機

當我們處於危機中，就要做出選擇。一種選擇是被危機事件帶來的創傷擊敗，停滯不前，任由困境控制，將我們捲入痛苦的旋渦中；另外一種選擇就是將危機視為契機，將其視作新的動力挖掘自己的潛能。

在人生的道路上，總是有許多不可預測的危機潛伏在我們的身邊。面對危機，不管你怕也好，不怕也好，它總會在你意想不到的時候悄悄降臨。其實，外界的危機並不是最可怕的，可怕的是我們對這種危機的麻木不仁和茫然無知，這使得我們在已經開始走下坡路的時候還陶醉於以往的一點點成績，當危機臨頭時已喪失了對抗風險的能力。

古時候，有位年輕人想向大哲學家蘇格拉底求教成功之道。蘇格拉底聽後，一言不發，帶著他走到一條河邊，突然用力把他推到了河裡。年輕人起先以為蘇格拉底在跟他開玩笑，並不在意。結果蘇格拉底也跳到水裡，並且拚命地把他往水底按。這下子，年輕人真的慌了，求生的本能令他拚盡全力將蘇格拉底推開，爬到岸上。

年輕人不解地問蘇格拉底為什麼要這樣做，蘇格拉底回答道：「我只想告訴你，做什麼事業都必須有絕處求生那麼大的決心，才能無往而不勝。」

現代社會競爭激烈，各種各樣的危機遍佈在我們的身邊。當你面對危機和險境時，不要把它想像成不可克服的障礙，也不要被危機嚇倒。因為，危機和困難也許只是一時的，只要你勇於面對，敢於突破，危機也就迎刃而解。

有人曾經問一個在大海中與風浪搏擊了一輩子的老船長：「如果你的船行駛在海面上，透過氣象報告，預知前方海面，有一個巨大的暴風圈，正迎向你的船而來。請問，以你的經驗，你將會如何處置呢？」

老船長微笑著向發問的人說：「如果是你，你又會如何處置呢？」

第一個問他的人偏著頭想了想，回答道：「返航，將船頭掉轉一百八十度，遠離暴風圈。這樣應該是最安全的方法吧？」

老船長搖了搖頭道：「不行，當你掉頭返航，暴風圈還是迎向你的船。你這麼做，反而將你的船跟暴風圈接觸的時間延長了許多，這是非常危險的。」

另外一人接著道：「如果將船頭向左或向右轉九十度，試著脫離暴風圈的威脅呢？」

老船長仍是搖搖頭，微笑道：「還是不行，如果這樣做，將會使船身的整個側面暴露在暴風雨的肆虐之下，增加與暴風圈接觸的面積，結果也是更加危險。」

眾人不解，問道：「如果這些方法都不行，那究竟應該怎麼做呢？」

老船長點頭肯定地道：「只有一個方法，那就是抓穩你的舵輪，讓你的船頭不偏不倚地迎向暴風圈前去。唯有這樣做，才既可以將與暴風圈接觸的面積化為最小，同時，因為你的船與暴風圈彼此的相對速度組合在一起，還可以減少與暴風圈接觸的時間。你將會發現，很快地，你已經安然衝過暴風圈，迎接另一片充滿陽光的蔚藍晴空。」

眾人聽到這裡，一陣沉寂之後，不禁為老船長在面對危機時敢於突破，勇於衝刺的精神深深折服，響起了經久不息的掌聲。

由此可見，最危險的做法也許是最安全的做法。這好比一個人陷入絕境的時候，一定不能絕望。古往今來，那些在各個領域取得非常成就的人，往往都是在最無助、最倒楣的時候，勇於開闢新的途徑，尋找新的機會，最終取得了成功。因為，人的潛能只有在最危難、最艱辛的時候，才能得到最大程度的發揮。

美國康乃爾大學曾經做過一個有名的「青蛙試驗」。試驗人員把一隻健壯的青蛙投入熱水鍋中，青蛙馬上就感到了危險，拚命一縱便跳出了水鍋。試驗人員又把該青蛙投入冷水鍋中，然後開始慢慢加熱水鍋。開始時，青蛙自然悠哉，毫無戒備。一段時間以後，鍋裡水的溫度逐漸升高，而青蛙在緩慢的變化中卻沒有感受到危險，最後，一隻活蹦亂跳的健壯的青蛙竟活活地給煮死了。

青蛙沒有死於沸水而死於溫水的試驗，說明了在一種漸變的環境中，即使你已經很成功，已經很強大，但如果不能保持清醒的頭腦和敏銳的感知力且對新變化做出快速的反應，而是貪圖享受，安逸於成功的現狀，那麼當你感覺到環境的變化已經使得自己不得不有所行動時，你也許會發現，行動的最佳時機早已錯過了，等待你的只是遺憾和無法估計的損失。

智者叮嚀

面對危機，是驚惶失措，還是積極化解，往往是事業成敗的關鍵。因為，危機與契機是緊密相聯的，只要處置得當，危機也可以轉化為契機，並由此而走向輝煌。

認定目標，堅持不懈

法國啟蒙思想家布封曾說過：「天才就是長期的堅持不懈。」中國近代著名數學家華羅庚也曾說：「治學問，做研究工作，必須持之以恆……」的確，無論我們做什麼事，要取得成功，堅持不懈的毅力和持之以恆的精神都是必不可少的。

每個人都有自己的目標，許多人為了自己的目標而堅持不懈地奮鬥，然而也有不少人在半途中就放棄了。偉大的發明家愛迪生一生中有許多發明，這些成果都是他用堅持不懈的奮鬥換來的。愛迪生在發明電燈的時候，曾經為找到合適的燈絲實驗了無數次，也失敗了無數次，但他從來沒有放棄過，一直堅持不懈地做實驗，最後終於成功了。

義大利著名男高音盧西亞諾・帕華洛帝，回顧自己走過的成功之路時說：「當我還是個孩子時，我的父親——一個麵包師，就開始教我學習歌唱。他鼓勵我刻苦練習，培養嗓子的功底。後來，在我的家鄉義大利的蒙得納市，一位名叫阿利戈・波拉的專業歌手收我做他的學生。那時，我還在一所師範學院上學。在畢業時，我問父親：『我應該怎麼辦？是當教師還是成為一個歌唱家？』我父親這樣回答我：『盧西亞諾，如果你想創造人生的輝煌，就要堅持不懈地走下去，在生活中你應該選定你的人生走向。』我選擇了。我忍住失敗的痛苦，經過七年的學習，終於第一次正式登台演出。此後我又用了七年的時間，才得以進入大都會歌劇院。現在我的看法是：不論是砌磚工人，還是作家，不管我們選擇何種職業，都應有一種獻身精神——堅持不懈是關鍵。」

下面是一則真人真事，不妨讓我們一起來看一下他是如何實現自己的「工作目標」的。

主角是個成長在舊金山貧民窟的小男孩，小時因為營養不良而患上了軟骨病，六歲時，雙腿因病變成弓字形，使腿進一步萎縮。

在小男孩的心中，從小就有一個夢想，就是將來要成為一個最偉大的運動員——美式橄欖球的全能球員，這就是他所謂的「工作目標」。他是傳奇人物吉姆・布朗（Jim Brown）的球迷，每逢吉姆所屬的客利福布朗士隊和舊金山四九人隊在舊金山舉行比賽時，小男孩都不介意雙腿的不便，一拐一拐地走到球場去為吉姆加油。可他太窮了，根本買不起門票，只好等到比賽快要結束時，乘工作人員推開大門之際混進去，觀賞最後幾分鐘。

在小男孩十三歲時，他在布朗士隊與四九人隊比賽之後，終於在一家霜淇淋店與心中偶像碰面，這是他多年的願望。他勇敢地走到布朗面前，大聲說：「吉姆先生，我是你忠實的球迷！」吉姆・布朗說：「謝謝你！」小男孩又說：「吉姆先生，你想知道一件事嗎？」吉姆轉身問：「小朋友，請問何事？」

小男孩驕傲地說：「我記下你的每一項紀錄，每一次比賽。」吉姆・布朗快樂地微笑著說：「真不錯。」小男孩挺直胸膛，雙眼放光，自信地說：「吉姆先生，終有一天我會打破你的每一項紀錄。」

聽完此話，吉姆・布朗微笑地對他說：「孩子，你叫什麼名字，真的好大的口氣！」小男孩十分得意地笑著說：「先生，我叫澳侖索！澳侖索・辛普森（Orenthal James Simpson）。」

後來，澳侖索・辛普森正如他少年時所講的，克服了種種的困難，終於打破了吉姆・布朗所創下的一切紀錄，同時又打破了一些新的紀錄。

所以，當困難絆住你成功腳步的時候，當失敗挫傷你進取雄心的時候，當負擔壓得你喘不過氣的時候，不要退縮，不要放棄，不要裹足不前，一定要堅持下去，因為只有堅持不懈才能通向成功。

智者叮嚀

歷史上許多偉人正是因為他們堅持不懈，為著目標努力奮鬥，才被天下人讚頌的。

激發潛能就能創造奇蹟

潛能激發的前提是，相信所有人都具有巨大的潛能，而且這些潛能還沒有被釋放出來。雖然人們可以通過自我激勵來開發潛能，但更可靠、更適用的方法是透過外部的激發帶來能量的釋放。

潛能是蘊藏在人體內的一種強大的力量，一旦激發就會創造超越自我的奇蹟。一項調查說明，常人潛能的利用率只有六％～八％，像愛因斯坦這樣偉大的科學家也僅使用了十％左右，換句話說，人所利用的潛能只是蘊藏在體內潛能的極少的一部分，如果這些未被利用的潛能全部釋放出來，人人都是超人！

在法國一個位於野外的軍用飛機場上，一位名叫桑尼耳的飛行員正在專心致志地用自來水槍清洗戰鬥機。突然，他覺得有人用手拍了一下他的後背。回頭一看，他嚇得大叫一聲，拍他的不是人，是一隻碩大的黑熊！牠正舉著兩隻前爪站在他的背後！桑尼耳急中生智，迅速把自來水槍轉向黑熊。也許是用力太猛，在這萬分緊急的時刻，自來水槍竟從手上滑了下來，而黑熊已朝他撲了過去……他閉上雙眼，用盡吃奶的力氣縱身一躍，跳上機翼，然後大聲呼救。

警戒哨裡的哨兵聽見了呼救聲，急忙端著衝鋒槍跑了出來。兩分鐘後，黑熊被擊斃了。

事後，許多人都大惑不解：機翼離地面最起碼有二．五公尺的高度，桑尼耳在沒有助跑的情況下居然跳了上去，這可能嗎？如果真是這樣，桑尼耳不必再當飛行員了，而是去當一名跳高運動員，去創造世界紀錄。

每個人都具有相當大的潛能。愛迪生曾經說過：「如果我們做出所有自己能做的事情，我們毫無疑問地會使自己大吃一驚。」

在「二戰」期間，一艘美國驅逐艦停泊在某國的港灣，那天晚上萬里無雲，明月高照，一片寧靜。一名士兵例行巡視全艦，突然停步站立不動，他看到一個烏黑的大東西在不遠的水上浮動著。他驚駭地看出那是一枚觸發水雷，可能是從一處雷區脫離出來的，正隨著退潮慢慢向著艦身中央漂來。他抓起艦內通訊電話機，通知了值日官，值日官馬上快步跑來。他們也很快地通知了艦長，並且發出警報，全艦立時動員了起來。官兵都愕然地注視著那枚慢慢漂近的水雷，大家都了解眼前的狀況，災難即將來臨。

軍官立刻提出各種辦法：他們該起錨走嗎？不行，沒有足夠的時間；發動引擎使水雷漂離開？不行，因為螺旋槳轉動只會使水雷更快地漂向艦身；以槍炮引發水雷？也不行，因為那枚水雷太接近艦裡面的彈藥庫。那麼該怎麼辦呢？放下一隻小艇，用一根長竹竿把水雷帶走？這也不行，因為那是一枚觸發水雷，同時也沒有時間去抓下水雷的雷管。悲劇似乎是沒有辦法避免了。

突然，一名水兵想出了比所有軍官所能想到的更好的辦法。「把消防水管拿來。」他大喊著。大家立刻明白這個辦法可行。他們向艦艇和水雷之間的海上噴水，製造一條水流，把水雷帶向遠方，然後再用艦炮引炸了水雷。

這位水兵真是了不起。他當然不凡——但他卻只是一個凡人。他具有在危機狀況下冷靜而正確思考的能力。我們每個人的身體內部都有這種天賦的能力。也就是說，我們每一個人都有創造的潛能。不論有什麼樣的困難或危機影響到你的狀況，只要你認為你行，你就能夠處理和解決這些困難或危機。對自己的能力抱著肯定的想法，就能發揮出積極的心智力量，並且因而產生有效的行動。

你有沒有聽過一隻鷹自以為是雞的寓言？

一天，一個喜歡冒險的男孩爬到父親養雞場的一座山上去，發現了一個鷹巢。他從巢裡拿了一個鷹蛋，帶回養雞場，把鷹蛋和雞蛋混在一起，讓一隻母雞來孵。孵出來的小鷹和所有的小雞一起長大，因而不知道自己除了是小雞之外還會是什麼。

開始這隻小鷹很滿足，過著和雞一樣的生活。但是，當牠逐漸長大的時候，牠內心裡就有一種奇特不安的感覺。牠不時地想：「我一定不只是一隻雞！」只是牠一直沒有採取什麼行動。直到有一天，一隻了不起的老鷹翱翔在養雞場的上空，小鷹感覺到自己的雙翼有一股奇特的新力量，感覺胸膛裡心正猛烈地跳著。牠抬頭看著老鷹的時候，一種想法出現在心中：「養雞場不是我待的地方。我要飛上青天，棲息在山岩之中。」

小鷹從來沒有飛過，但是牠的內心裡有著飛的力量和天性。牠展開了雙翅，飛升到一座矮山的頂上。極為興奮之下，牠再飛到更高的山頂上，最後衝上了青天，到了高山的頂峰，發現了偉大的自我。

當然會有人說，那不過是則很好的寓言而已。我既非雞，也非鷹。我只是一個人，而且是一個平凡的人。因此，我從來沒有期望過自己能做出什麼了不起的事來，或許這正是問題的所在——你從來沒有期望過自己能夠做出什麼了不起的事來。這是實情，而且這是嚴重的事實，那就是我們只把自己局限在我們自我期望的範圍以內。

智者叮嚀

在人的一生中，無論在何種情形下，你都要不惜一切代價，走入一種可能激發你的潛能的氛圍中，去發揮自己最大的潛能，實現自己的人生價值。

夢想可以成為現實

生活有無數的可能，夢想就是這些可能中的精華。夢想是對人生的期許，是對未來的設計。但是，如果我們不透過執著地追求、不懈地努力使它變成現實，它就只能停留在這種設計上。

偉大的夢想通常促使我們發揮自身的最佳能力，激勵我們努力工作，瞄準目標，全力以赴。

羅馬納・巴紐埃洛斯是一位年輕的墨西哥姑娘，十六歲就結婚了。在兩年當中她生了兩個兒子，丈夫不久後離家出走，羅馬納只好獨自支撐家庭。但是，她決心謀求一種令她自己及兩個兒子感到體面和自豪的生活。

於是，巴紐埃洛斯帶著一塊普通披巾包起全部財產，帶著兩個孩子，跨過里奧蘭德河，在德克薩斯州的埃爾帕索安頓下來。她開始在一家洗衣店工作，一天僅賺一美元，但她從沒忘記自己的夢想，即要在貧困的陰影中創建一種受人尊敬的生活。於是，口袋裡只有七美元的她，又帶著兩個兒子乘公共汽車來到洛杉磯尋求更好的發展。

巴紐埃洛斯來到洛杉磯後，她開始做洗碗的工作，後來是找到什麼工作就做什麼。拚命賺錢，直到存了四百美元後，便和她的姨媽共同買下一家擁有一台烙餅機及一台烙小玉米餅機的店。巴紐埃洛斯與姨媽共同製作的玉米餅非常成功，後來還開了幾家分店。直到最後，姨媽感覺到工作太辛苦了，巴紐埃洛斯便買下了她的股份。不久，巴紐埃洛斯經營的小玉米餅店鋪成為全國最大的墨西哥食品批發商，擁有員工三百多人。

巴紐埃洛斯和兩個兒子經濟上有了保障之後，這位勇敢的年輕婦女便將精力轉移到提高她美籍墨西哥同胞的地位上。

「我們需要自己的銀行。」她想。後來她便和許多朋友在東洛杉磯創建了「泛美國民銀行」，這家銀行主要是為美籍墨西哥人所居住的社區服務。

抱有消極思想的專家們告訴她：「不要做這種事。」他們說：「美籍墨西哥人不能創辦自己的銀行，你們沒有資格創辦一家銀行，同時永遠不會成功。」

「我行，而且一定要成功。」巴紐埃洛斯平靜地回答說。

結果巴紐埃洛斯真的夢想成真了。她與夥伴們在一個小拖車裡創辦起他們的銀行。可是，到社區銷售股票時卻遇到另外一個麻煩，因為人們對他們毫無信心，於是她向人們兜售股票時遭到拒絕。

他們問巴紐埃洛斯：「你怎麼可能辦得起銀行呢？」、「我們已經努力了十幾年，總是失敗，你知道嗎？墨西哥人不是銀行家呀！」

但是，她始終不放棄自己的夢想，努力不懈，如今，這家銀行取得偉大成功的故事在東洛杉磯已經傳為佳話。後來她的簽名出現在無數的美國貨幣上，她由此成為美國第三十四任財政部長。你能想像得到這一切嗎？一名默默無聞的墨西哥移民，卻胸懷大志，後來竟成為世界上最大經濟實體的財政部長。

這種成就並不是只要有目標就能取得的。定下目標只是第一步，第二步更重要，就是使計畫如何成為現實。

智者叮嚀

不要讓日常生活淹沒了夢想或使夢想失去了亮色，也不要因為希望渺茫而放棄了夢想。要為了夢想不屈不撓，要讓夢想保持永恆的活力，要保持一種良好的精神狀態，這樣，你的人生就會因為這個夢想而改變。

別在名利場中迷失自己

人的一生常被名利所束縛。名利對於人，實用的少，更多的是一種心理上的安慰，一種對自己的價值的確認。因此，名利只不過是一個人所賺到的身價而已，人總是透過名利來標明自己價值的高低。

一個人如果沒有了名利，便常常對自己的價值產生懷疑，對自己在世上的價值失去信心。因此，為追求名利，很多人都不惜終身求索，使名利的繩索最後變成了人生的絞索，斷送了人生所有的快樂與歡笑。

陳敬仲是春秋時陳國國君陳厲公的兒子。因為當時統治秩序和社會倫理道德異常混亂，陳敬仲只得帶著家人逃到了齊國。

齊國的國君齊桓公是「春秋五霸」之首，他打著「尊王攘夷」的旗號，聯合諸侯，抵擋住了北面山戎和南面荊楚的進攻，保護了中原地區的許多中小國家。他很注重任用人才，不計前嫌，重用管仲治國，已成了婦孺皆知的佳話。

齊桓公早就聽說陳敬仲德才兼備，在陳國很有聲望，很想與他會面，只是苦於沒有機會。陳敬仲剛到齊國，齊桓公便迫不及待地接見了他。一席交談，齊桓公頓生相見恨晚的感覺，他立即決定讓陳敬仲做卿。

卿在當時是一種高官，一般是不輕易讓別國的人做的，能做齊國的卿，是許多人夢寐以求的美事。陳敬仲恭敬地向齊桓公行了一禮，辭謝道：「我在陳國被逼得無棲身之所，只好逃到貴國來寄居。如果承蒙您的恩典，讓我有幸能在您的寬厚的政教下生活，就心滿意足了。我本是個不明事理，沒有什麼才能的人，您不責怪我，我已感恩不盡，哪敢貪圖富貴，巴望做卿那樣的高官呢？況且，讓我這樣一個客居貴國的無能的人做官，一定會招致人們對您的非議，我又怎能給您添麻煩呢？這件事萬萬不可。」

齊桓公見他再三推辭，情真意切，也就沒有再難為他，而是讓他做了「工正」管理各種工匠。

陳敬仲做了「工正」後，表現得很出色，齊桓公對他的才能更加賞識，經常與他一起討論國事，他們之間的關係也日益親密。

有一天，陳敬仲請齊桓公到家中喝酒。齊桓公興沖沖地帶著隨從人員來到陳敬仲家中，酒席已擺好在庭院中了。這天風和日麗，加上庭院中景色雅致，佈置得體，齊桓公一見，早將那些煩人的政務拋到了腦後，忍不住開懷暢飲。

席間，齊桓公與陳敬仲一起評古論今，臧否人物，越說越投機。說到高興處，情不自禁地相視哈哈大笑；談到氣憤處，不免要摩拳擦掌、扼腕長嘆。

俗話說：「酒逢知己千杯少。」齊桓公的酒量本已不小，加上遇上陳敬仲這樣一個知己，更是海量了。左一杯，右一杯，一直喝到太陽落山，齊桓公已有幾分醉意。但他仍覺得沒有盡興，吩咐左右：「趕快點上燈火，我要與陳大夫再喝幾杯。」

陳敬仲趕緊站起來，恭恭敬敬地說：「不能再喝了！我只想白天請您喝酒，晚上就不敢奉陪了！」

齊桓公感到有點失望，臉上露出不高興的神情，說：「我與你正喝到興頭上，你怎麼能掃我的興呢？」

陳敬仲誠惶誠恐地解釋道：「酒宴是一種禮儀性的活動，只能適可而止，不能過度。如果您因為跟我喝酒而沒把握住分寸，遭到別人的指責，我怎麼能逃罪責呢？所以，請您原諒，我實在不能執行您的命令。」齊桓公一想也有道理，便不再堅持了。

陳敬仲確實是一個避禍保身有道的明智君子。如果他不這樣做，貿然接受了高官厚祿或和桓公飲酒過度，誰又能保證他的上司有朝一日不拿他開刀問斬呢？

智者叮嚀

促使人追求進取的是金錢名利，阻礙人向前邁進的是金錢名利，使人墜入萬丈深淵的也是金錢名利。所以，人生在世，千萬不要把金錢名利看得太重，只有這樣，方能超然物外，活得輕鬆快樂。

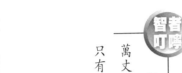

從腳踏實地做起

千里之行，始於足下。很多大事業的成功都是從一點點小的事情做起的。在生活中，很多人失敗就在於他們心中總是抱有很大的幻想、很大的目標，而對於眼前的工作卻看得很簡單，不努力去做，結果導致了失敗。

不管做什麼事，都需要腳踏實地。即使是做人，也不能不腳踏實地。腳踏實地，就是能夠實事求是地認識自己，實實在在地做人做事。勇敢者鍾愛的事業——創業，當然也離不開腳踏實地。

湯瑪斯是一個普通的郵差，他負責為社區的住戶收送郵件。他聽說社區內有一位職業演說家，叫桑布恩先生，這位桑先生一年有一百六十至兩百天在外出差，於是他向桑先生索要一份全年行程表。桑先生很奇怪，問：「您有什麼用？」他回答說：「以便您不在家時，我暫時代為保管您的信件，等您回來再送過來。」

這讓桑布恩很吃驚！因為他從未碰到過這樣的郵差。桑先生回答道：「沒必要這麼麻煩，把信放進郵箱就好了，我回來再取也是一樣的。」

湯瑪斯解釋說：「竊賊經常會窺探住戶的郵箱，如果發現是滿的，就表明主人不在家，那住戶就可能要身受其害了。」湯瑪斯想了想，接著說：「這樣吧，只要郵箱的蓋子還能蓋上，我就把信放到裡面。塞不進郵箱的郵件，則擱在房門和柵門之間。如果那裡也放滿了，我把其他的信留著，等您回來。」

湯瑪斯的建議無可挑剔，桑先生欣然同意了。

兩周後，桑先生出差回來，發現門口的擦鞋墊跑到門廊的角落裡，下面還遮著個什麼東西。

事情原來是這樣的——

在桑先生出差期間，美國聯合快遞公司把他的包裹投到別人家了。

湯瑪斯看到桑先生的包裹送錯了地方，就把它撿起來，送回桑先生的住處藏好，還在上面留了張紙條，解釋事情的來龍去脈，並費心地用擦鞋墊把它遮住，以避人耳目。

其實，不同的郵政公司之間競爭市場大小，比的就是服務，而因為有一批湯瑪斯式的職業化員工，他們所提供的人性化服務，創造了無形價值，使美國聯合快遞公司在眾多競爭對手中脫穎而出！

一九六五年，一個小學四年級的學生到西雅圖的學校圖書館幫忙，管理員讓他把已歸還給圖書館卻放錯了地方的書放回原處。小學生問：「像是當偵探嗎？」管理員說：「那當然。」小學生就不遺餘力地做了起來。第一天，他找出三本放錯地方的書。第二天，他來得更早，而且做得更賣力氣，找出更多的放錯地方的書。過了兩個星期，小學生的父母要搬家了，小學生擔心地說：「我走了，誰來整理那些排錯隊伍的書呢？」沒過多久，小學生又來了，他高興地告訴管理員，那邊的圖書館不讓學生做這個工作，媽媽又把他轉回到這邊的學校上學了，每天由他爸爸用車接送。如果爸爸不送他，他就自己走路過來。

圖書館的管理員沒有想到這個小學生如此敬業。他更沒有想到的是，這個小學生後來成為資訊時代的天才——微軟電腦公司的總裁，他就是比爾．蓋茲。

總之，我們每一個人都應該清楚：最終的目標絕不是轉眼之間就可以達到的，在未付出辛勞艱苦和屈就的代價之前，空望著那遙遠的目標著急是沒有用的。而唯有從基本做起，按部就班地朝著目標進行，才會慢慢地接近它、達到它。

智者叮嚀

想要成為一個成功人士，就需要一步一個腳印，腳踏實地，從最基礎的事情做起，為自己的發展打下堅實的基礎，就像建造房子一樣，只有把基礎打扎實了，發展才會迅速，大樓才會蓋得既牢固又高大。

不要盲目跟從他人

盲目跟從是指人沒有主見地隨著風潮，這種現象往往源於我們的不自信，沒有料。如果長期盲目地跟他人，就會使自己缺乏獨立的思想，做什麼事情就想跟著別人，人家怎麼做自己就怎麼做。

崇拜和向別人求助，容易讓人盲從，失去自己的判斷，我們往往輕信所謂的專家而不信任自己。在日常生活中，有人好不容易建立起來的信心和計畫，只要專家一句話，就給輕而易舉地否定掉了。

法國科學家約翰．法伯曾做過一個著名的「毛毛蟲試驗」。

這種毛毛蟲有一種「跟隨」的習性，總是盲目地跟著前面的毛毛蟲走。約翰．法伯把若干隻毛毛蟲放在一隻花盆的邊緣上，使它們首尾相接，圍成一圈。這些毛毛蟲開始前進了，像一個長長的遊行隊伍，沒有頭，沒有尾。約翰．法伯在毛毛蟲周圍不到六英寸的地方，撒上了毛毛蟲喜歡吃的松葉。但這些毛毛蟲要想吃上這些松葉就要解散隊伍，不需一條接一條地前進。

一個小時過去了，一天過去了，毛毛蟲還是不停地、堅韌地團團轉。一連走了七天七夜，它們終因饑餓和筋疲力盡而死去。這其中，只要有任何一隻毛毛蟲稍稍與眾不同，就會吃上松葉而不致餓死。

然而，有不少不喜歡像毛毛蟲這樣盲目跟從、跟隨風潮、瞎忙空耗終其一生的人。下面故事中的陸小姐和王先生就是如此。

陸小姐從大學畢業在一家私人企業做會計已經三年了，工作內容始終沒什麼變化。平時雖然空閒，但光是算帳，整理資料、檔案，在旁人看來是枯燥乏味的。可是，陸小姐卻從未跳過槽，是什麼原因讓她在這家公司做了那麼久，是因為待遇特別的豐厚，還是另有原因？

原來，她看中的是這家私人企業的穩定度，而且，這份不算太忙的會計工作讓她有了足夠充分的時間來做自己的生意花店。

一年多以前，陸小姐在自己的公司也曾經有一次升職的機會。但是，一旦升職後她就面臨著繁重的工作壓力將無暇顧及花店。當時，舉棋不定的她來到生涯職業諮詢機構來做職業諮詢，詢問專家自己究竟該如何取捨。根據專家分析提供的資料和資料，陸小姐最後選擇了依然留在原來的崗位，並且繼續做好自己的花店。

如今，陸小姐工作的公司每年都有周年慶或其他活動，而且和其他的公司都有業務合作，陸小姐正好利用自己所開的花店來供應鮮花，這樣既能替公司解決了問題，也能夠為自己增添收入。

王先生是一名戶外運動愛好者，熱愛旅遊及戶外探險，曾踏走過多個名勝，越過多次高峰，探險過無數大小森林，經驗豐富，是「千年老驢」。

幾年前，王先生是一家外商公司的職員，拿著優渥的薪水，生活過得也富裕。在公司工作的時候，王先生趁著工作空閒之餘，就開始做起了副業——網路寫手。由於生性比較愛玩，出遊的經歷也比較多，因此那個時候為某報社撰寫了旅遊專欄，雖然稿費不多，但興趣在此。

在職業規劃專家的幫助下，王先生經過多次全方面對自己本身和專案進行了調查和分析，最後決定辭職，做自己喜歡的事，開一間旅遊戶外俱樂部。俱樂部的性質就是當下最流行的戶外用品店，既可以賣戶外用品，也是熱愛戶外旅遊運動的「驢友」們的聚集地。俱樂部的成員都是各個網站上熱愛戶外旅遊運動的愛好者們，一群人因為有相同的興趣很容易打成一片。王先生的店也因為這些「驢友」的鼎力支持而做得有聲有色。

凡事思考則明，混沌則暗。如果你想做好某一件事情，就得有自己的打算，根據自己的想法去做，而不能一味地跟從別人，渾渾然生活，這是愚蠢人的標誌；慎重思索，反復論證，理智地生活，這是聰明人的標誌。沒有頭腦的人，只會盲目跟從，當然也就無法取得成功。

智者叮嚀

當你置身投入盲從的激流之中時，便容易喪失了你的自我個性，迷失了真我，淪為被盲從激流所駕馭的提線木偶。

用自信創造奇蹟

當一個人有自信時，別人就會相信他。一個人能夠在遭遇質問或批評時，不動搖自己的信念，不是因為固執，而是因為自信。充分的自信是由於有足夠的準備，高超的見識，卓越的能力，它不是盲目的剛愎自用，而是清楚地知道事情必然的歸趨。這種自信是由知識、見識和力量所形成的。

偉大詩人里爾克寫過這樣一首詩：「弄瞎我的眼睛，我也要看到你，塞住我的耳朵，我也要聽到你……」這應該是一種對理想的執著追求吧！有了自信，才會有奮鬥目標，才能不斷地戰勝困難，奔向成功，創造輝煌人生。

二〇〇一年五月二十日，美國一位名叫喬治・赫伯特的推銷員成功地把一把斧頭推銷給了小布希總統。布魯金斯學會得知這一消息，把刻有「最偉大推銷員」的一只金靴子贈與他。這是自一九七五年以來，該學會的一名學員成功地把一台微型答錄機賣給尼克森後，又一學員登上如此高的門檻。

布魯金斯學會創建於一九二七年，以培養世界上最傑出的推銷員著稱於世。學會有一個傳統，在每期學員畢業時，設計一道最能表現推銷員能力的實習題，讓學員去完成。柯林頓當政期間，他們出了這麼一個題目：請把一條三角褲推銷給現任總統。八年間，有無數個學員為此絞盡腦汁，可是，最後都無功而返。

柯林頓卸任後，布魯金斯學會把題目換成：請把一把斧頭推銷給小布希總統。鑑於前八年的失敗與教訓，許多學員知難而退，個別學員甚至認為，這道畢業實習題會和柯林頓當政期間一樣毫無結果。因為現在的總統什麼都不缺少，再說即使缺少，也用不著他們親自購買；再退一步說，即使他們親自購買，也不一定正趕上是你去推銷的時候。然而，喬治．赫伯特卻做到了，並且沒有花多少工夫。

一位記者在採訪他的時候，他是這樣說的：「我認為，把一把斧頭推銷給小布希總統是完全可能的。因為布希總統在德克薩斯州有一個農場，裡面長著許多樹，於是，我給他寫了一封信，說：『有一次，我有幸參觀您的農場，發現裡面長著許多矢菊樹，有些已經死掉，木質已變得鬆軟。我想，您一定需要一把小斧頭，雖然從您現在的體型來看，這種小斧頭顯然太輕，因為您仍然需要一把不甚鋒利的老斧頭。現在，我這兒正好有一把這樣的斧頭，它是我祖父留給我的，很適合砍伐枯樹。假若您有興趣的話，請按這封信所留的信箱，給予回覆……最後他就給我匯來了十五美元。」

喬治‧赫伯特成功後，布魯金斯學會在表彰他的時候說：「金靴子獎已空置了二十六年。二十六年間，布魯金斯學會培養了數以萬計的推銷員，造就了數以百計的百萬富翁，這只金靴子之所以沒有授予他們，是因為學會一直想尋找這麼一個人：這個人不因為有人說某一目標不能實現而放棄，不因為某件事情難以辦到而失去自信。」喬治‧赫伯特的故事在世界各大網站公佈後，一些讀者紛紛搜索布魯金斯學會，他們發現在該學會的網頁上貼著這麼一句格言：不是因為有些事情難以做到，我們才失去信心，而是因為我們失去了自信，有些事情才顯得難以做到。

不因為有人說某一目標不能實現而放棄，不因為某件事情難以辦到而失去自信，這是布魯金斯學會尋找的人才，同樣也是各行各業所需要的人才。在我們的成才之路上，只要我們具備這種自信的精神和堅強的毅力，我們就一定能夠像喬治‧赫伯特那樣取得巨大的成功！

智者叮嚀

自信就是自己相信自己，對自己有必勝的信心。在這種自信心的驅動下，他們敢於對自己提出更高的要求，並在失敗中看到成功的希望，進而獲得最終的成功。

第四篇

做事，該出手就不猶豫

所有的成功都來自於行動，只有行動才能改變自己。命運常常是奇特的，好的機會往往稍縱即逝，猶如曇花一現。如果當時不善加利用，錯過之後就後悔莫及。

成功需要抓緊機遇

有人說得好：「如果你能像發現別人的缺點一樣，快速地發現機遇的話，那你就能很快成功。」

成功需要機遇，機遇卻不是常常降臨，它像鳳毛麟角，稀罕至極。翻開人類奮鬥的史冊，我們可以看到，有的人因為抓住了機遇而「柳暗花明又一村」，摘取了成功的桂冠；有的人因為與機遇擦肩而過而「山窮水盡疑無路」。錯過機遇常令人抱憾終生。

周朝時候有這樣一個故事：

有一位老先生，一輩子孜孜不倦地追求和勤奮努力，但是他一直沒有碰上被提拔做官的機會。後來，他到了白髮蒼蒼的暮年，想起自己年事已高錯過了做官的好時機，便站在路旁哭泣。路人得知他傷心的原因後就問：「你為什麼一次都沒有被提拔呢？」老先生邊流淚邊回答：「我年輕時學習做文官，文官方面的修養已經具備，剛要準備做官時，皇帝卻喜歡任用老年人。後來，皇帝死了，後主又喜歡用武將，我只好改學武官，當武官的標準基本達到時，後主又死了。少主剛剛即位，就又歡喜年輕人，可我的年齡又老了。所以，我一次都沒有碰到被提拔任用做官的機遇啊！」

從這個老人「年老白首，泣涕於途」的故事可以看出，一個人，無論你多麼勤奮，多麼有才華本領，如果不把握好機遇就難有成功。「過了這個村，沒有這個店。」這句古話道出了把握住機遇的必要性和緊迫性。老人因為只能跟在形勢的後面亦趨，只會等待機遇又總是浪費掉機遇，所以他無法以自己的才華和努力改變命運。

蘇珊・海渥（Susan Hayward）長得漂亮，她的青年時代，正是好萊塢的主要製片公司發展的全盛時期。她像其他頂尖的童星一樣，當年懷著成為好萊塢電影明星的夢想，當上了臨時演員。在進入好萊塢的最初幾個月中，面對的不是攝影機而是照相機。她穿著泳裝，日復一日地擺弄出千姿百態，為廣告當模特兒。她那充滿魅力的微笑，隨著報紙雜誌的廣告傳遍五洲四海。

然而蘇珊一直得不到當演員的機會，當她詢問老闆時，得到的回答總是：「耐心地等一等，總有一天會推薦你的。」

有一次，機會突然來了。一九三八年，派拉蒙公司在洛杉磯舉行全國性的影片銷售會。蘇珊接到旅館舞廳的通知。舞廳裡來了很多電影院的老闆和來自各州的商人。影星們進入舞廳之前，派拉蒙公司對自己的影片已進行過大肆宣傳。

影星們一個接一個與觀眾見面。當蘇珊出場時，會場上發出了一片歡呼。她此前還沒意識到這是一次機會。她面對觀眾，像對老朋友們一樣微笑著說：「我知道你們都認識我，你們之中有誰見過我的照片？」台下立即有許許多多的人舉起了手。

「有人看過我在電影裡的表演嗎？」沒有人舉手，只有笑聲。

蘇珊趁熱打鐵，發問到：「你們願意看我在電影中的表演嗎？」

會場上響起了雷鳴般的掌聲，代替了回答。

蘇珊這一計即興拈來，大獲全勝，於是她說：「那麼，諸位願意捎個話給製片公司嗎？」

這是一次民意測驗，那麼多觀眾的代表想看蘇珊在電影中的樣子，製片公司的老闆得到這一民意測驗的結果，完全可以判斷，如果請蘇珊出演影片，該片一定大賣。於是蘇珊不久之後便受邀出演，上了銀幕，並且成了大明星。並在《我要活下去》（I Want to Live）中扮演了主角，使她榮獲了奧斯卡金獎。

難道你不承認蘇珊是一個善於抓住機會、一舉成名的高手嗎？不但成名需要抓住機遇，賺錢也不例外。機遇是名，機遇也是利。能不能獲得名利，就要看你善不善於抓住機遇了。

智者叮嚀

當然，要抓住機遇，獲得成功，必須善於利用他人的成果，進行創造性的行動；也要經常總結反省個人的經驗和教訓，發揮自己的想像力和創造力。

做事要有毅力

毅力是一種優良的意志品質，指的是一個人做事能堅持不懈、持之以恆，在遇到困難和挫折時都不會動搖，是古今中外一切有成就的人必備的品質。

毅力是成功的基石。居里夫人曾經說過：「一個人沒有毅力，將一事無成。」而「說一套，做一套」，永遠都不可能取得成功，只有言行一致，朝著目標堅持不懈地去奮鬥，去追求，才會有所收穫。放眼看古今，每一個成功者身上都閃耀著「毅力」的光輝。

范仲淹從小喪父。儘管這樣，他仍舊艱苦讀書，不放過任何一個學習的機會，最終成為中國有名的文學家。有人說過：「毅力可以攻克世界上任何一座山峰。」貝多芬雙耳失聰後，不是一味的怨天尤人，而是堅持他的音樂創作，耳朵聾了又聽不見，就用細木棍插進鋼琴的發聲器，以震動來辨別音調，最終創作出了著名的《第九交響曲》。

頑強的毅力使人無往而不勝。任何一個有著堅強毅力的人，都不會光想而不做，不會被困難和挫折嚇倒。《愚公移山》中的愚公就是憑著頑強的毅力，終於鏟平了兩座擋路的大山，造福了無數的村民與後代。

在很久很久以前，有位名叫愚公的老人，已經快九十歲了，他的家門正好面對著兩座大山。這樣，就使他們外出時要繞很遠的路，極為不便。為此，他將全家人召集到一起，共同商議解決的辦法。愚公提議：「我們全家人齊心合力，共同來搬掉屋門前的這兩座大山，你們說好嗎？」他的家人都表示贊同這一主張。

這時，只有愚公的老伴有些擔心，她瞧著丈夫說：「靠您的這把老骨頭，恐怕連魁父那樣的小山丘都削不平，又怎麼對付得了太行和王屋這兩座大山呢？再說啦，您每天挖出來的泥土石塊，又往哪兒擱呢？」兒孫們聽後，爭先恐後地搶著回答：「將那些泥土、石塊都扔到渤海灣和隱土的北邊去，不就行了？」

決心既下，愚公即刻率領子孫，三代人一起挑上擔子，扛起鋤頭，搬了起來。他們砸石塊，挖泥土，用藤筐將其運往渤海灣。任憑寒來暑往，愚公全家都很少回家休息。

有個叫智叟的人，看到愚公率子孫每天辛辛苦苦地挖山，感到十分可笑。他勸阻愚公說：「你也真是傻到家了！憑著你這一大把年紀，恐怕連山上的一棵樹也撼不動，你又怎麼能搬走這兩座山呢？」

愚公聽後，不禁長長地嘆了一口氣。他對智叟說：「我是活不了幾天了。可是，我死了以後有兒子，兒子又生孫子，孫子還會生兒子，這樣子子孫孫生息繁衍下去，是沒有窮盡的。而眼前這兩座山卻不會長高了，只要我們堅持不懈地挖下去，還愁會挖不平嗎？」一面對愚公如此堅定的信念，智叟無言以對。

山神得知這件事後，便稟告了玉帝。玉帝也被愚公的精神感動了，於是就派兩個大力士神將這兩座山給背走了。

一個要想有所成就的人，就應像愚公那樣充滿信心，有頑強的毅力，不懼艱難險阻，堅持不懈地幹下去，不達目的誓不甘休。

智者叮嚀

遭遇挫折時，不要氣餒，要堅持著勇敢面對。頑強的毅力會使人無往直前，讓你擁有成功者的特質。

關鍵時候要有魄力

機會到來的時候，要及時把握，不然機會一旦失去，再想尋找機會就難上加難了。因此，關鍵時刻一個人的表現，往往決定了事情的成敗。在這個時候，不能退縮，不能無主見，而要敢於拍板，表現出非凡的魄力和決策能力。

一個人善於當機立斷，才能在複雜多變的情況下，應付自如。艾森豪就是在緊急關頭善於當機立斷，取得成功的典範。

美國第三十四任總統、五星上將艾森豪，一九四四年六月六日在諾曼地登陸前夜，表現出了非凡的當機立斷的盤算魄力，使諾曼地登陸戰役取得輝煌勝利，從而扭轉了整個戰局，沉重地打擊了法西斯勢力。

機勇者，臨危不懼，臨難不驚，機勇沉著，鎮定自如，諸葛亮的「空城計」，即顯示出戰略家的膽略。

馬謖是蜀國的將領，深得諸葛亮器重，遷任為參軍。西元二二九年，諸葛亮興兵攻魏，命令馬謖督諸軍為前鋒，與魏將張郃大戰於街亭（今甘肅莊浪東南）。馬謖因指揮失宜，最後為張郃所敗。諸葛亮的興兵計畫遭到破壞，被迫退兵漢中，將依照軍法，斬了馬謖。

馬謖失街亭，諸葛亮很生氣。但魏兵在大將軍司馬懿的率領下，卻窮追不捨。諸葛亮畢竟是少有的政治家、軍事家，他一方面將馬謖抓捕入獄，以震軍威，以嚴軍紀，同時他又冷靜地思考對策。他想，以自己的兵力直接迎戰司馬懿，毫無勝利的希望，如果倉皇逃跑，司馬懿肯定繼續追殺，可能要當俘虜。

在此千鈞一髮之際，左思右想，諸葛亮迅速做出軍事佈置：急喚關興、張苞，吩咐他倆各引精兵三千，急投武功山，並鼓噪吶喊，虛張聲勢。命令張翼引兵修劍閣，以備走路，命令馬岱、薑維斷後，伏於山谷之間，以防不測。並命令將所有旌旗隱匿起來，諸軍各守城鋪。命令將城門大開，不要關閉，每一城門用二十軍士，脫去軍裝，打扮成一般的平民百姓，手持工具，灑掃街道。其他行人進進出出，沒有一點緊張的表現。吩咐完畢，諸葛亮自己身披鶴氅，頭戴華陽巾，手拿鵝毛扇，引二小童攜琴一張，來到城樓上憑欄而坐，然後命人焚香操琴，顯得若無其事，安然無恙。

司馬懿前鋒部隊追到城下，卻不見城內一點動靜，只見諸葛亮在城樓上彈琴賞景，感到莫名其妙，「丈二和尚摸不著頭腦」，不知諸葛亮葫蘆裡賣的什麼藥，不敢貿然前進，便暫停下來，急速報與司馬懿。大將軍司馬懿以為這是謊報，便命令三軍原地休息，自己則騎馬飛馳而來，要看個究竟。果然，司馬懿見諸葛亮坐於城樓之上，笑容可掬，焚香操琴，悠閒自在，根本沒有什麼恐懼和驚慌的表情，連忙下令退兵。司馬懿的二兒子司馬昭便對他說：「莫非是諸葛亮家中無兵，所以故意弄出這個樣子來？父親您為什麼要退兵呢？」司馬懿說：「諸葛亮一生謹慎，不曾冒險。現在城門大開，裡面必有埋伏，我軍如果進去，正好中了他們的計。還是快快撤退吧！」於是各路兵馬都退了回去。

現實生活中，我們常常會遇到一些不確定、有風險的事情，這就要求你有敢想敢做、敢冒風險的精神和當機立斷的拍板魄力。「當斷不斷，必受其亂」。盤算是不能一拖再拖的，它需要在有效的時間地點內完成。否則，正確的盤算一旦錯過了時機，就會鑄成錯誤。

華裔電腦名人王安博士，聲稱影響他一生的最大教訓，發生在他六歲之時。

有一天，王安在外面撿了一隻小麻雀，他很喜歡，決定把它帶回去餵養。王安回到家，走到門口，忽然想起媽媽不允許他在家裡養小動物。所以，他輕輕地把小麻雀放在門後，匆忙走進室內，請求媽媽的允許。在他的苦苦哀求下，媽媽破例答應了兒子的請求。不料，等王安出去時，小麻雀已經被一隻貓吃了。

王安為此傷心了好久，並由此得到了一個很大的教訓：只要是自己認為對的事情，絕不可優柔寡斷，必須馬上付諸行動。不能做決定的人，固然沒有做錯事的機會，但也失去了成功的機會。

現代社會是資訊社會，資訊瞬息萬變，機會稍縱即逝，尤其是在全球化的今天，市場形勢變化多端，就更需要我們善於抓住機遇，當機立斷，取得成功。但是當機立斷不等於盲目衝動地喊打喊殺。正確的分析、判斷才是當機「拍板」的首要條件。

智者叮嚀

面對決策時，不能當機立斷，是很危險的。你認為有價值的、對自己有利的，就要快刀斬亂麻地決定並付諸行動。反之，就乾脆不做，不要優柔寡斷。

行事要有果斷的個性

在形勢突然變化的情況下，優柔寡斷者，一旦形勢發生劇烈變化時就驚惶失措，無所適從。而果斷的個性可以使我們能夠很快地分析形勢，當機立斷，不失時機地對計畫、方法、策略等等做出正確的改變，使其能迅速地適應變化了的情況。

卡內基是世界著名的「鋼鐵大王」和億萬富翁，是美國近代企業史上最有影響的人物之一。他是這樣一位成功的創業者：以自己非凡的天賦、聰明才智和果斷的個性，使自己的事業從小變大，由弱變強，最後建成了一個龐大的產業王國。

卡內基一八三五年出生於英格蘭的登弗梅林，一八四八年，隨父母移居美國。從十三歲起，他開始為生活而奔波，曾經當過電報公司的信差，做過鐵路公司的秘書等工作。一八七二年，卡內基開始創辦鋼鐵廠，並很快發達起來成為擁有億萬資產的鋼鐵巨富。

一八六〇年前後，卡內基在賓夕法尼亞鐵路公司西段任秘書，開始做股票投資。由於他審時度勢，抓住機遇，借了六百美元當了股東，三年竟獲得五百萬美元的現金紅利，這是卡內基獲得的第一次成功，是他發家的開始。

一天，賓夕法尼亞鐵路西部管理局局長斯考特先生突然問卡內基：「喂，卡內基，你能籌集到五百美元嗎？」卡內基面露難色，十分尷尬。因為他父親剛剛過世，為支付喪葬費、醫療費，他全部的積蓄僅剩五十美元。斯考特見他困窘的樣子，便說：「我的一位朋友過世後，他太太將遺產的股份賣給了友人的女兒，現在這位女子急需用錢，想轉讓股份，是亞當斯快捷公司的十股股票，恰好五百美元。紅利是一股一美元……」

「這麼大一筆錢，我實在是籌集不出來。」卡內基一臉無奈的樣子。

「那好，我先替你墊上，無論如何也要把它買下來。」斯考特先生堅持讓卡內基一定要做成這筆生意。

第二天，斯考特先生卻猶豫起來，他問卡內基：「對不起，人家非六百美元不賣。還要嗎？」

卡內基卻一反昨日的猶豫，堅定地說：「要。我一定要，請代我先付六百美元。」由於斯考特先生昨天對他的堅決支持，使他的自信心堅定起來，毅然決定去拚一把。

於是，卡內基用借據和股票作擔保寫了一張六百美元的借據，半年利息十美元，交給了斯考特先生。

半年後，卡內基母子倆節衣縮食、向親戚高利借款，以房子為抵押品，千方百計總算還清了所借的債款。不久，一封裝有十美元紅利支票的信寄到卡內基手中，他將其交給斯考特先生作為利息。

又一個偶然的機會，一位叫做伍德拉夫的設計師找到卡內基。他設計發明了一輛臥鋪車的模型。這種臥鋪車可方便旅客夜間旅行，構思奇特新穎，在當時是比較先進的客車車型。卡內基把他請到斯考特的辦公室。斯考特看到伍德拉夫設計的臥鋪車模型，非常感興趣，為其巧妙的構思所吸引，當即雙方達成了協定。

伍德拉夫說：「如果你們準備製造，請付給我設計費和專利使用費。」斯考特爽快地答應了他的要求：「好的，請快點製造出兩節來看看。」

走出了斯考特辦公室，伍德拉夫遊說卡內基說：「卡內基先生，有沒有意思合夥做這筆生意，我打算開一家臥鋪車車廂製造公司，你出八分之一的資金……要您馬上拿出八分之一的資金，或許有些困難。第一次只要您付兩百一十七美元，第二年再按同額的比例付款。也就是說，隨著訂貨的擴大，再增加投資金額……」

卡內基非常想試試，心裡充滿了想做一番事業的衝動。他立即走訪了匹茲堡的銀行，申貸資金。銀行對他的計畫很感興趣，那位銀行家對他說：「那是值得投資的事業，我願意借你。將來若是賺了大錢，要存入我的銀行啊！」

試著投入生產後，臥鋪車廂的訂貨單非常多，許多鐵路公司對新車型給予極大評價。卡內基這次投資獲得成功，他投資的兩百餘美元，一年之間的紅利不下五千美元。

卡內基後來被提升為匹茲堡管理局長，他與創辦匹茲堡鐵路工廠的柯爾曼出四萬美元買下了斯陶利農場。這是一個盛產石油的地方。他雇用馬車拉油桶，用於底船行駛於阿勒格尼河不停地運送石油，建立了儲存槽，大量存油，等市場油價上漲時高價賣出。一年後，卡內基分到一百萬美元的現金紅利，三年後達到五百萬美元。

卡內基以六百美元買下的股份，三年後，他就成為擁資五百萬美元的富翁。他的出色的才能與非凡的能力，使他日後的事業如日中天，步步走向輝煌。

卡內基沒有滿足自己暫時的成功，他有更高的目標去追求。二十九歲的卡內基把目光投向了鋼鐵業。「美洲大陸現在是鐵路時代、鋼鐵時代，需要建造鐵橋、火車頭和鋼軌，鋼鐵是一本萬利的。」卡內基準確地預見了鋼鐵業發展的大好前景，他毅然辭去了賓夕法尼亞鐵路公司的職務，帶著如何實現自己理想的思考，渡過大西洋到倫敦考察。這是他事業上的一次飛躍，他買下了道茲工程師兄弟的鋼鐵製造的專利。

隨著經濟的迅猛發展，對鋼鐵的需求大增，卡內基抓住良機，全力以赴地做起來，向鋼鐵業投入了全部的精力。他又一次獲得了成功。

卡內基把全部股票換成現款，投入鋼鐵工業。

經濟形勢的發展正像卡內基預測的一樣，軍火、鐵路各方面對鋼鐵的需求愈來愈大。半年過去了，他的資金翻了幾倍，公司在鋼鐵市場佔據著舉足輕重的地位。他成了美國的大富翁之一。

平時注意養成乾脆俐落、斬釘截鐵的行為習慣，有助於培育果斷的個性。無論什麼事情，不行就是不行，要做就堅決去做。生活中不少事情確實既可以這樣又可以那樣，這時，就必須當機立斷。否則，連日常的生活瑣事都不能乾脆處理，你又怎能夠培養果斷的性格呢？

智者叮嚀

果斷是人生的一張關鍵牌，所以做人做事不要瞻前顧後，否則你將失去許多好的機會。愛拚才會贏，如果你決定了要做一件事，就果斷地邁出新的一步。

善於發現和挖掘智慧

智慧本就無處不在，但常常被人忽視，像丟在大街上的木屑一樣令多數人熟視無睹。只有善於發現和挖掘自身智慧的人，才能把握機遇，創造財富。

要想致富，就需要依靠自己的智慧和勤奮。智慧有無窮的力量，能改變很多事情。也許你開始貧窮，但只要運用好智慧，成功的路途並不遙遠。

不少貧寒的人沒有富家子弟那樣的條件，也沒有原始積累做創業的金錢。但是，窮人從來都不缺充滿才智的頭腦和敏銳的嗅覺。

盧俊雄是中國華隆集團的創辦人。十歲便偷偷地背著家人，帶著十多元錢買來的外國郵票到武漢闖蕩，顯示了他的經營天賦。在華隆發展公司他的辦公室的牆上有一把掛扇，上書「天生我才」四個大字，表達了他的勃勃雄心。

盧俊雄是個富有靈感、悟性極高的經營奇才。大學期間，他採用了與別人完全不同的方式從事郵票經銷活動。細心的盧俊雄首先通過《集郵》雜誌和郵票公司搜集了全國兩千多個集郵愛好者的姓名和地址，這些名單潛藏著賺錢的巨大機會，一般人恐怕想不到這個絕妙的辦法。

然後，盧俊雄用賣賀卡賺來的幾千元錢辦了一份雙面八開鉛印的《南華郵報》，刊的一面是郵市資訊，一面是郵票品種名稱目錄，免費寄給他搜集到的名單上的集郵愛好者。盧俊雄知道捨不得投入也就「套」不住集郵愛好者，幾千元的投入在當時可以說是「血本」，弄不好可能會血本無歸。但鉛印的《南華郵報》解除了他的顧慮，也贏得集郵愛好者的信任，一切安排得相當周全、井井有條。

兩千多份免費的《南華郵報》寄往全國二十九個省、直轄市、自治區，不久，寄錢來求購郵票的果然不少。

關鍵問題是盧俊雄此時實際上也就相當於開了個「空殼公司」，郵票到哪裡去弄？儘快拿到所需郵票的方案在辦報時他就想好了。

郵報寄出後，盧俊雄手裡所剩資金無幾，根本無力購下大批郵票坐等讀者來買，他沒有那麼多錢，只有用別人的錢來擺平此事。於是他就到一個郵票大戶那裡訂了兩萬元的郵票，對那人承諾：「你給我留兩個月，我先交出兩千元訂金，如果我在兩個月內賣不掉一半，這訂金我就一分錢也不要了。」郵商聽他提出的交換條件很講義氣，覺得沒有虧吃，就爽快地答應了。結果僅用了一個月的時間，他就銷出了兩萬元錢的郵票，取得了第一次經銷郵票的成功。

盧俊雄前期的投入得到了回報，在集郵愛好者中引起了空前的回應。透過這件事的籌辦，足以看出盧俊雄不凡的經營才能。郵報創辦到第五期時，他已經擁有了五萬多個客戶，就連創刊三十多年的《集郵》雜誌也看到了盧俊雄的能力和實際號召力，首次破例答應為他做一個廣告。真是時來運轉，《集郵》雜誌的銷售廣告使盧俊雄的郵票生意當月就達到了三十多萬元的營業額，這對一個尚在學校學習的大學生而言，實在是夠可觀的了。

但盧俊雄並沒有被勝利沖昏頭腦，他馬上意識到與《集郵》雜誌搞好關係是發財的好契機，他決定抓住這點不放，於是他又去與《集郵》雜誌的負責人商量，為他做一次全國首屆集郵通訊的拍賣廣告。這真是個異想天開的思路，在中國是第一次，但他又成功了。

商業動機無疑就是為了贏利，但不能只顧贏利不顧及其他，還要妥善解除客戶的後顧之憂，方能如願以償。盧俊雄的頭腦比別人機靈，還表現在他善於在關鍵環節附加一條對客戶有利的「誘惑」。

盧俊雄後來涉入房地產生意時，手頭僅有幾年辛勤積累起來的小額資金。但他並不墨守成規，他決心不貸款不出錢，只用自己的腦袋瓜去嘗試房地產生意。

首先是搜集房地產資訊，詳細研究、周密分析，謹慎選擇了一些在市中心位置較好的舊房子，預支五千元的訂金，約兩萬五千元新台幣，對房東承諾一個月就以一平方公尺八百元買下。「貨」是摸在手中了，但資金怎麼解決？

這個世界上就有一種奇怪的事：有錢的人未必能做成事，做成事的人未必有錢。盧俊雄馬上去找急欲買房子的港台商人和外商，對他們談了自己的計畫：找裝修公司先對舊房子裝修、改造並安裝電話，修整好後以一平方公尺兩千元的價格出售給他們。為了引起港台商人和外商的興趣，盧俊雄設置了一個「誘餌」：如果客戶買下的那間房子以後不住了，他保證以不低於買價的價格幫他賣出。這一招果然深受主顧歡迎。

其實盧俊雄的「誘餌」只有他自己明白，他不愁幫助客戶賣出房屋，因為房價總是在漲。這一點就是盧俊雄的智慧。

智者叮嚀

當智慧的火花閃耀時，抓住了它，也就抓住了本錢。此時，智慧已不僅僅是你的聰明，而是一種創業的資本。

要有積極主動的人生態度

主動是一種精神，反映在人的思維、行動以及整體的氣質風貌上。主動，就能廣開人的思維，更大限度地促進人的潛能開發。這個世界很公平，你缺什麼，生活就給你考驗與機會，讓你補什麼，只要你積極主動地思考或行動，你總會在磕磕碰碰中找到一條完善自我、通向成功的路。

積極主動這個詞最早是由著名心理學家維克托·弗蘭克推介給大眾的。而弗蘭克本人就是一個積極主動、永不向困難低頭的典型。

弗蘭克原本是一位受佛洛德心理學派影響頗深的決定論心理學家，但是，他在納粹集中營裡經歷了一段淒慘的歲月後，開創出了獨具一格的心理學流派。

弗蘭克的父母、妻子、兄弟都死於納粹魔掌，而他本人則在納粹集中營裡受到嚴刑拷打。有一天，他赤身獨處於囚室之中，突然意識到了一種全新的感受——也許，正是集中營裡的惡劣環境讓他猛然警醒：「在任何極端的環境裡，人們總會擁有一種最後的自由，那就是選擇自己的態度的自由。」

弗蘭克的意思是說，在一個人極端痛苦無助的時候，他依然可以自行決定他的人生態度。在最為艱苦的歲月裡，弗蘭克選擇了積極向上的態度。他沒有悲觀絕望，反而在腦海中設想，自己獲釋以後該如何站在講臺上，把這一段痛苦的經歷介紹給自己的學生。憑著這種積極、樂觀的思維方式，他在獄中不斷磨練自己的意志，直到自己的心靈超越了牢籠的禁錮，在自由的天地裡任意馳騁。

弗蘭克在獄中發現的思維準則，正是我們每一個追求成功的人所必須具有的人生態度——積極主動。

愈是積極主動，就愈能掌握人生方向，有效管理人生。能夠不斷砥礪自己的人，方懂得如何了解別人，尋求圓滿的解決之道。同理，一個人愈主動，愈獨立，就愈善於與人相處。

在人生的旅途中，你是你自己唯一的司機，千萬不要讓別人駕駛你的生命之車。你要穩穩地坐在司機的位置上，決定自己何時要停、要倒車、要轉彎、要加速、要剎車等等。人生的旅途十分短暫，你應該珍惜自己所擁有的選擇和決策的權利，雖然可以參考別人的意見，但千萬不要隨波逐流。

郭去疾，「Google中國公關第一人」。二〇〇五年九月隨李開複回到中國，以總裁特別助理身份為李開複官司事情立下汗馬功勞，如今負責Google中國策略規劃。

郭去疾的人生哲學是：每一扇機遇之門，都有一個守門人。收穫機遇的臨門一腳，在於主動執著地去找這個守門人。當他一九九九年從中國科技大學本科畢業時，收到了很多美國一流大學的錄取通知，但是一律沒有獎學金。於是，他開始給這些大學的教授們寫信，希望他們能接受他作為研究助理從而資助。一個月中，他寫了兩百封信，雖然有很多教授感興趣，卻都因為他研究經驗不足而拒絕了。他還嘗試寫信給中國科大的海外校友，希望得到推薦，也沒有結果。一天夜裡，面對電腦裡一封封婉拒的郵件，他一個人在黑暗的實驗室裡失聲痛哭。然而第二天醒來，他決定繼續去敲擊這扇機遇之門。

幾天之後，他終於收到伊利諾大學一位教授的回信，欣然答應資助。那位教授說，當他到系裡索取郭去疾的資料時，發現系裡正在準備給郭去疾發拒絕信。郭去疾最後說：「我的『叩門之旅』在繼續著，絕大多時候，都無功而返。然而，石沉大海卻不代表徒勞無功，因為一次一次，機會之門這樣被我敲開。一步一步，我得到了微軟總部工作、到史丹福大學讀MBA、到Amazon和Google工作的機會。」

幾乎所有的成功者都是積極進取的人，人生苦短，唯有積極、主動、努力地拚搏，才能不虛此生。你不能停滯不前，你必須向成功邁進，否則就會淪為失敗者。

智者叮嚀

年輕人要擁有一顆積極、主動的心，要善於規劃和管理自己的事業，為自己的人生做出重要的抉擇。因為沒有人比你更在乎你自己的事業，沒有什麼東西像積極主動的態度一樣更能體現你自己的獨立人格。

處理事情時絕不可拖延成癖

拖延並非人的本性，它是一種惡習，是一種可以獲得改善的壞習慣。不論這個人多麼有才能，但老是若無其事地約會遲到，久而久之大家就都認為他是一個言而無信的人，自己說的話都做不到，拜託他的事就更別提了。而同樣，有的人則常常在「我正在考慮」、「我正在準備」、「我正在等候時機」等等的藉口下，放任歲月流失。

在社交活動中，對人對己，都不應該養成拖延的習性。有些人總是喜歡在約會的時候遲到，而且總是有很多的理由來自我解釋：「對不起，我實在太忙了。」如果不信的話，可以來看看下面的幾個例子：

例一：當老闆可真不容易。王總近來發現下屬不好管理了，尤其是那個銷售經理許海家，交給他去做的工作老是不能按時完成。開會的時候他經常是最後一個到，決定好的計畫一到他去執行就總會遇到各種阻礙：什麼客戶出差了、路上塞車、生病了、材料還沒有準備好等等。王總對他很是生氣，要不是礙於推薦人（那可是公司的一個重要客戶）的情面，早就把他給開了。

例二：作為市場部的經理，王先生感覺到壓力很大，因為老闆要求他必須在下週一的公司例會上提交一份非常重要的市場分析報告。王先生很清楚這份報告對公司和對他自己的重要性，因為這份報告將關係到他個人年底的績效考核。可是，他覺得完成這份報告是一個繁重的工作，需要大量加班來搜集資料。總之，這是一項足以讓他忙得焦頭爛額的任務。於是，他的老毛病——拖延又犯了，不過像以前的每次拖延一樣，他依然找了一個讓自己心安理得的藉口——我需要好好考慮，好好規劃一下。

直到周日，也就是最後一天的時候，他連續工作了十多個小時，才將報告完成。可是，就連他自己對報告的品質都不滿意，結果可想而知。到了週一，當他把報告提交給老闆時，他已經能從老闆那不滿的表情中知道了自己今年的績效考核分數。就這樣，他再一次嘗到了自己拖延的苦果。

例三：某天清晨，張山鳳於上班途中，信誓旦旦地下定決心，一到辦公室即著手草擬下年度的部門預算。他很準時於九點整走進辦公室。但他並不立刻從事預算的草擬工作，因為他突然想到不如先將辦公桌以及辦公室整理一下，以便在進行重要的工作之前為自己提供一個乾淨與舒適的環境。

他總共花了半小時的時間，才使辦公環境變得有條不紊。他雖然未能按原定計劃於九點鐘開始工作，但他絲毫不感到後悔，因為這半小時的清理工作不但已獲得顯然可見的成就，而且它還有利於以後工作效率的提高。他面露得意神色隨手泡了壺茶，稍作休息。此時，張三無意中發現報紙上的彩色圖片十分吸引人，於是情不自禁地拿起報紙來。等他把報紙放回報架，已經十點鐘了。這時他略感不自在，因為他已自食諾言。不過，報紙畢竟是精神食糧，也是溝通媒體，身為企業的部門主管怎能不看報，何況上午不看報，下午或晚上則非補看不可。這樣一想，他才稍覺心安。於是他正襟危坐地準備埋頭工作。

就在這個時候，電話聲響了，那是一位顧客的投訴電話。張三連解釋帶賠罪地花了二十分鐘的時間才說服對方平息了怨氣。掛上了電話，他去了洗手間。在回辦公室途中，他聞到咖啡的香味。原來另一部門的同事正在享受上午茶，他們邀他加入。他心裡想，預算的草擬是一件頗費心思的工作，若無清醒的腦筋則難以勝任，於是他毫不猶豫地應邀加入，就在那兒言不及義地聊了一陣。回到辦公室後，他果然感到精神奕奕，滿以為可以開始致力於工作了。可是，一看表，乖乖，已經十點四十五分距離十一點的部門聯席會議只剩下十五分鐘。他想：反正這麼短的時間內也辦不了什麼事，不如乾脆把草擬預算的工作留待明天算了。

例四：王勇有個壞習慣，做事總喜歡拖延。如果有什麼事今天做可以，明天做也行，那他絕對會拖到明天去做，所以朋友們給他起了個外號叫「磨蹭大王」。在學校裡，這個習慣還沒給他帶來多大影響，頂多是晚交報告被教授說幾句。但到了社會上，他卻因此吃了不少苦頭。

畢業後，王勇一直沒找到合適的工作。有一天，一個同學告訴他一個消息：某電台招募三名主持人。聽到這個消息，王勇高興壞了，他的語言及外形都沒問題，而他的學歷也頗具優勢，更重要的是當電台主持人是他最大的理想，這可真是天賜良機。那什麼時候去報名呢？王勇想：過兩天吧！我總要準備準備。於是一天拖過一天，五天後，他終於決定行動了！然而：當他風塵僕僕地趕到某市時，電台工作人員卻告訴他，三天前報名就截止了。於是王勇只好懷著遺憾回了家，他自己也明白，以後很難再碰到這樣好的機會了！

拖延這個壞習慣並不能使問題消失或者使解決問題變得容易起來，而只會製造問題，給工作造成嚴重的危害。而成功者從不拖延，而他們中的大多數人只是發揮了本身潛在能力的極少部分，因為他們對工作的態度是立即執行，所以把握了成功。那麼，為什麼我們還要逃避現實，還要忍受拖延造成的痛苦呢？要知道，從現在開始用

「立即執行」的好習慣取代「拖延」，我們同樣可以擁有成功。

智者叮嚀

要克服拖延的習慣，必須要算出拖延的代價是多少。當你拖延的時候，你要想到拖延就是痛苦，拖延就會造成損失，拖延就是失敗。

牢牢地把握住今天

我們常常會為了昨天的失去念念不忘、耿耿於懷；會為明天的美麗意氣風發、熱血沸騰。

可是，昨天已經過去，明天無法預知，只有今天屬於我們。只要我們問心無愧地過好每一個今天，只要我們不浪費今天去追憶昨天、幻想明天，那麼到達生命終點時，就可以毫無遺憾了。

時間並不能像金錢一樣可貯存起來以備不時之需。我們所能夠使用的只有被給予的那一瞬間，也就是今天、現在。因此，抓住每一個今天，你就抓住了全部。一位電台主持人對「只有今天」的意義有著深刻的親身體會：

最初，我感覺自己意志薄弱而且缺乏勇氣，對自己失去了信心。後來在一本書中看到了一則「生活運動」的策略，書上寫道：「就在今天，你也可以成為你現在所處環境的朋友。意志薄弱、沒有信心、感到厭煩等情緒問題都不必去理它，明天早上一覺醒來就用冷水摩擦你的臉。不要記掛明天、後天的事。只要好好地充實『今天』，這點應該很容易做得到。只要你切身實行『僅僅今天』，那麼一切都會改變。冷水摩擦臉，對於身心兩方面都具有強化的效果。」

如果能做到這點，那麼就可將這個「僅僅今天」的概念廣泛運用在日常生活中。諸如對待痛苦、病痛、厭惡的事，也只要在「僅僅今天」忍耐而已。明天可能無法忍耐，但是起碼在「僅僅今天」已經忍耐過去了。

自從實施「僅僅今天」的技巧，這位主持人用冷水摩擦臉也有三五年的歷史了。

他每天早上都不斷地念著「僅僅今天」，身體因而變得更加強壯，個性也大為改變。

我認為「無須為明日煩惱憂慮，只須全力以赴地生活在今天」的方式，對我們的人生可以產生難以估計的力量。

昨天是一張作廢的支票，明天是尚未兌現的期票，只有今天是現金，有流通性的價值之物。如果不抓住今天，所有的希望都會消磨，在懶散消沉中流逝。

再說，與其費盡心思把今天可以完成的任務拖到明天，還不如用這些精力把工作做完。任務拖得越後就越難完成，做事的態度就越是勉強。今天能完成的工作，被推遲幾天或幾個星期後，就會變成負擔。在收到信件時沒有馬上回覆，以後再撿起來回信就不那麼容易了。許多大公司都有這樣的制度：所有信件都必須當天回覆。只有今天，更近一步來說，就是珍惜現在的每分每秒。並且，珍惜時間並不只是珍惜你自己的時間，更意味著你要珍惜別人的時間。

「一個人如果根本不在乎別人的時間，」賀拉斯．格里利說，「這和偷別人的錢有什麼兩樣呢？浪費別人的一小時和偷走別人五美元有什麼不同呢？況且，很多人工作一小時的價值比五美元要多得多。」

華盛頓總統四點鐘吃飯，有時候應邀到白宮吃飯的國會新成員遲到了，這個時候華盛頓就會自顧自地吃飯而不理睬他們，這使他們感到很尷尬。華盛頓經常這樣說：「我的錶從來不問客人有沒有到，它只問時間有沒有到。」他的秘書找藉口說，自己遲到的原因是錶慢了。華盛頓回答說：「那麼，或者你換個新錶，或者我換個新秘書。」

有一次，拿破崙請將軍們和他共進晚餐，他們沒有在約定的時間到達，他就旁若無人地先吃起來。他吃完剛剛站起來時，那些人來了。拿破崙說：「先生們，現在用餐時間已經結束，我們開始下一步工作吧。」

昆西・亞當斯也從不拖延。議院開會時，看到亞當斯先生入座，主持人就知道該向大家宣佈各就各位，開始開會了。有一次發生了這樣一件事，主持人宣佈就座時，有人說：「時間還沒到，因為亞當斯先生還沒來呢。」結果發現是議會的鐘快了三分鐘。三分鐘後，亞當斯先生像往常一樣準時到達。

如果我們能夠在今天的太陽落山的時候，勇敢地拍著胸脯自豪地說：「今天，我沒有白過。」那也許你真的把握住了今天。

智者叮嚀

那些還徘徊在今天和明天的人，那些把今天的任務塞給明天的人，如果想在明天做出一番大事業，把握住今天才是最好的選擇。

不輕易放過任何一個機會

人貴有恆心。尋求機會要求的是，能自始至終對機會抱著高度的敏感性。不能一時緊，一時鬆，要善於抓住眼前的機會，切莫讓機會擦肩而過。確實，機會是一閃而過的，如果抓不住就等於錯失成功機會。而只要積極努力，靈活機智，就一定能夠輕而易舉地走在他人前面。

在人們眼裡，成功的路總是在那遙遠的地方。其實，夢想越遙不可及，就越能激發人們去追求它。這就需求你具有一雙睿智的慧眼，善於從那些匆匆而去的人們腳下，找到一塊藏有黃金的寶地，並在那裡開始自己的創業。

一九一九年，希爾頓來到了當時因發現石油而興盛的德克薩斯州，那裡雲集著大批來發石油財的冒險家們。德州似乎遍地都是黃金。希爾頓迫不及待地連續跑了幾個城鎮，問了十幾家銀行，回答都是不賣。他碰了一鼻子灰，卻並未因此氣餒，他又來到第三個城鎮——錫斯科。

錫斯科這片熱情的土地擁抱了希爾頓。他剛下火車，走進當地第一家銀行，一問，就被告知它正待出售。賣主不住這兒，要價是七・五萬美元。希爾頓一陣狂喜：價格公道！他立即給賣主發了份電報，願按其要價買進這家銀行。

然而，過不多久，賣主在回電中卻將售價漲至八萬美元。希爾頓氣得火冒三丈，當即決定徹底放棄當銀行家的念頭。他後來回憶道：「就這樣，那封回電改變了我一生的命運。」

在碰壁之後，希爾頓餘怒未消地來到馬路對面的一家名為「莫布利」的旅館準備投宿，誰知客已經滿了。

看到一個先生在清理驅趕人群，他忽然靈機一動地問：「你是這家旅館的員工嗎？」對方卻訴起苦來：「是的。我就是陷在這裡不能自拔了。我賺不到什麼錢，不如抽資金到油田去賺更多的錢。」，「你的意思是……」希爾頓心中猛地一喜，壓抑住自己的興奮，故意慢條斯理地問，「這家旅館準備出售？」，「任何人出五萬美元，今晚就可以擁有這兒的一切。」

三個小時後，希爾頓在仔細查閱了莫布利旅館帳簿的基礎上，經過一番討價還價，賣主最後同意以四萬美元出售。這以後，希爾頓立即四處籌借現金，終於在期限截止前幾分鐘將錢全部送到。莫布利旅館易了主，希爾頓做起了旅館業。他隨即給母親打電報報喜：「新世界已經找到，錫斯科可謂水深港闊，第一艘大船已在此下水。」

當天晚上，莫布利旅館全部客滿，連希爾頓的床也讓給客人住下了。他只好睡在辦公室裡。夜裡，他做了一個夢，夢見德克薩斯州鑲嵌著一連串的希爾頓飯店。經過一番努力，這位未來的「旅館大王」，成功地寫下了他的發跡史的第一頁。

希爾頓的成功印證了那一條經典原則：不輕易放過任何一個機會，就擁有了成功的秘訣。

智者叮嚀

上天對於每個人都是公平的，機會不會太過於青睞誰，但如果你不懂得把握機會，那機會就會與你失之交臂。

想做就馬上行動

行動是一個人走向成功的階梯，所有的成功都來自行動，只有行動才能改變自己。一個人光有遠大的理想是不行的，還要付諸行動，否則理想就是空想。在理想的實現上，一旦鎖定目標，就馬上行動起來，不斷拚搏，不達目標誓不甘休。

現代世界瞬息萬變，對於想要等到所有條件都完美無缺才採取行動的人而言，這個世界是不會停下來等待他們的。這個世界青睞的是善思而力行的人。也就是說，面臨諸多的不確定性，一想到馬上去行動的人，才更能適應這個社會。

斯通擔任國際銷售執行委員會的七個執行委員之一時，曾作為該會的代表走訪了亞洲和太平洋地區。在一個星期二，斯通給澳大利亞東南部墨爾本市的一些商業工作人員作了一次鼓勵性的談話。到下星期四的晚上，斯通接到一個電話，是一家出售金屬櫃的公司的經理意斯特打來的。

意斯特很激動地說：「發生了一件令人吃驚的事！你會和我現在一樣感到振奮的！」

「把這件事告訴我吧！發生了什麼事？」

「一件驚人的事！你在上星期二的談話中推薦了十本勵志書，我買了《思考致富》，在當天晚上就讀了幾個小時。第二天早晨我又繼續讀它，於是我在一張紙上寫道：『我確定的主要的目標是把今年的銷售額翻一番。』令人吃驚的是，我竟在四十八小時之內達到了這個目標。」

「你是怎樣達到這個目標的？」斯通問意斯特，「你怎樣把你的收入翻一番的呢？」意斯特笑道：「你在談話中講到你的推銷員亞蘭在同一個街區兜售保險單失敗而又成功的故事。我記得你說過：『有些人可能認為這是做不到的，但是亞蘭做到了。』我相信你的話。我也做了準備。」

「我記住了你給我們的自我發動警句：『想到就做！』我就去看我的卡片記錄，分析了十筆死帳。我準備提前兌現這些帳，這在先前可能是一件相當棘手的事。我重複了『想到就做』！這句話達好幾次，並用積極的心態去訪問這十個客戶，結果做了筆大買賣。發揚積極心態的力量，所做出的事是很驚人的，真正的驚人！」

我們的目的與這個特殊的故事有關，你可能並沒有把這個原則應用到你自己的經歷中。意斯特做到了這一點，所以你也能做到：你能應用本書中所讀到的每個故事中的原則，然而，現在我們要你學會「想到就做」。

來自以色列和美國的兩個年輕人一同搭船到異國闖天下，他們下了碼頭後，看著海上的豪華遊艇從面前緩緩而過，兩人都非常羡慕。以色列人對美國人說：「如果有一天我也能擁有這麼一艘船，那該有多好！」美國人也點頭表示同意。

吃午飯的時間到了，他們都覺得肚子有些餓了，兩人四處看了看，發現有一個快餐車旁圍了好多人，生意似乎不錯。以色列人就對美國人說：「我們不如也來做速食的生意吧！」美國人說：「嗯！這主意似乎是不錯。可是你看旁邊的咖啡廳生意也很好，不如再看看吧！」兩人沒有統一意見，於是就此各奔東西了。

握手言別後，以色列人馬上選擇一個不錯的地點，把所有的錢投資做速食。他不斷努力，經過八年的用心，已經擁有了很多家速食連鎖店，積累了一大筆錢財，他為自己買了一艘遊艇，實現了他自己的願望。

這一天，以色列人駕著遊艇出去遊玩，發現了一個衣衫襤褸的男子從遠處走了過來，那人就是當年與他一起來闖天下的美國人馬克。他興奮地問馬克：「這八年你都在做些什麼？」馬克回答說：「八年間，我每時每刻都在想：我到底該做什麼呢！」

從小的事情開始，立即去做！養成習慣，機會出現時，你就能立即行動。馬上行動可以應用於人生的每一個階段，幫助你做自己應該做卻不想做的事情。對不愉快的工作不再拖延，抓住稍縱即逝的寶貴機會，實現夢想。

喬根．裘大是哥本哈根大學的一名學生，有一次他到美國旅遊，先到華盛頓，下榻在威勒飯店，住宿費已經預付。他的上衣口袋裡放著到芝加哥的機票，褲子口帶的皮包裡放著護照和現金。當他準備就寢時，突然發現皮包不翼而飛，他立刻下樓告訴了旅館的經理。

「我們會盡力尋找。」經理說。

第二天早上，皮包仍然不見蹤影。他隻身在異鄉，手足無措。他打電話向芝加哥的朋友求援？還是到丹麥使館補辦遺失護照？抑或苦坐在警察局等待消息？他腦子裡閃過一個又一個念頭。

突然，他告訴自己：「我要看看華盛頓，我可能沒有機會再來，今天非常寶貴。畢竟，我還有今天晚上到芝加哥的機票，還有很多時間處理錢和護照的問題。如果我現在不暢遊華盛頓，將來就沒有機會了。我可以散步，現在是愉快的時刻，我還是我，和昨天丟掉皮包之前沒有什麼兩樣，來到美國我應快樂，享受大都市的一天，不要把時間浪費在丟掉皮包的不愉快上。」

於是他開始徒步旅遊，爬上華盛頓紀念碑，參觀白宮和博物館。雖然許多想看的地方他沒有看到，但所到之處，他都盡情暢遊一番。

回到丹麥以後，美國之行最令他難忘的就是徒步暢遊華盛頓，因為他知道把握現在最重要。五天之後，華盛頓警局找到了他的皮包和護照，寄還給了他。

因此，立即行動，就可以實現你的夢想。

智者叮嚀

機會總是在那些早就為成功做好準備的人身上。因為，當機會來時，他知道「馬上行動」，而那些只知等待的人，卻總是任由機會一次又一次從身邊溜走。

第五篇

做人，沒有不可能

無論做什麼事情，你如果首先在心底裡認為這是不可能的事情，那麼，你肯定就會失去追求或改變的勇氣。久而久之，你便會因為永遠也達不到目標而感到煩惱。

從多方面吸取他人的長處

敏銳地發現人們沒有注意到或未予重視的某個領域中的空白、冷門處或薄弱環節，需要有「慧眼」，而後來者也需要站得更高，看得更遠，這需要的是對已知的不滿足和對未知的強烈好奇。

有些人看起來並不是那種上帝安排的天才，他們起初並不見得就比其他人聰明很多，能幹很多。而他們後來之所以能成為智者，很大程度上在於他們會想、會做。

在幾千年的文明進程中，已經湧現出很多的巨人，他們為人類創造了許多燦爛和輝煌的業績。他們猶如一座座歷史的豐碑，昭示旁人無法望其項背的高度。

卡爾森是加利福尼亞大學物理系的畢業生，畢業後在美國一家公司任職。因他常見到公司的同事在影印的過程中，時間占用過多，勞力成本很大，本該輕鬆完成的工作，卻成了令人頭痛的麻煩事，便想改進一下影印方式。他做了很多的實驗，但卻沒有成功。

後來，卡爾森改變了做法，暫時停止了實驗，而用大部分的業餘時間鑽進紐約的圖書館，專門查閱有關影印方面的發明專利和文獻資料。經過一段時間的仔細查找，他意外地發現，以往進行的影印，都是利用化學效應來完成的，還沒有人涉足到光電領域。

利用光電效應，從理論上講，效率要高得多。顯然，這是影印研究開發中的一大缺陷。於是，卡爾森瞄準這一缺陷開始進行大量的實驗，將光電效應和靜電原理相結合，終於取得了成功。

世界著名物理學家李政道，在一次聽演講後，知道非線性方程有一種叫孤子的解。他為了徹底弄清這個問題，找來了幾乎所有關於孤子理論的資料，然後這位大名鼎鼎的物理學家關起門來，專心致志地研究了一個多星期，找別人在這方面研究中存在的缺陷和弱點。

後來，他發現所有的文獻都只是研究一維空間中的孤子，而在他所熟知的物理學中，意義更廣泛的是三維空間。這是一個不小的缺陷和漏洞。對此，李政道經過幾個月的深入研究，提出了一種新的孤子理論，並用這套理論處理三維空間的某些亞原子過程，終於取得了許多豐碩的成果。

李政道深有感觸地說：「你如果想在研究工作中趕上、超過別人，你一定要摸清在別人的工作裡，哪些地方是他們的缺陷。看準了這一點，鑽下去，一旦有所突破，你就能超過人家，跑到前頭去了。」

另外一個故事也很能說明問題。

中國人、俄國人、法國人、德國人、義大利人都借酒誇耀自己的民族文化。中國人拿出古色古香、釀造精細的茅臺，贏得眾人稱讚；俄國人拿出伏特加；法國人拿出香檳；義大利人亮出葡萄酒；德國人取出威士忌，眾彩紛呈。

此時兩手空空的美國人不慌不忙，將他們的酒都倒出一點，兌在一起，說：「這叫雞尾酒。」他體現了美國的民族精神——博採眾長，綜合創造！

因此，「乘虛而入」不是拾人牙慧，嚼人家吃過的飯，而是站在巨人的肩上，找對了解決問題的切入點，有所發明和創造。矮子站在巨人的肩上，會比巨人看得遠，更何況聰慧過人的你呢？人類生存的意義在於創造，這也是一個有智慧的人的極大樂趣。

智者叮嚀

把他人的成果進行歸類，發現他們忽略的冷門處，瞄準知識鏈條上某個薄弱環節，抓住前人因種種原因放棄或疏漏的項目，以此為進攻的突破點，乘虛而入，最後一定能夠取得成功。

成功源於打破常規

人們有時會對習以為常的事情失去判斷力，會習慣於遵循以往的觀念的想法，總是按照常規去做一些事情，卻不知道機遇往往隱藏在我們的靈機一動之中。

通常情況下，具有突破性思考特徵的人，他們和舊式的行業規則格格不入，對每件事都產生質疑，不喜歡墨守成規，偏愛自由、開放。這也是為什麼說「最具突破思考力的是小孩子」的最好理由。

在一次歐洲籃球錦標賽上，保加利亞隊與捷克斯洛伐克隊相遇。當比賽剩下八秒鐘時，保加利亞隊以兩分優勢領先，一般說來已穩操勝券。但是，那次錦標賽採用的是循環制，保加利亞隊必須贏球超過五分才能取勝。可要用僅剩下的八秒再贏三分，談何容易。

這時，保加利亞隊的教練突然請求暫停。許多人對此舉付之一笑，認為保加利亞隊大勢已去，被淘汰是不可避免的，教練即使有回天之力，也很難力挽狂瀾。暫停結束後，比賽繼續進行。這時，球場上出現了眾人意想不到的事情：只見保加利亞隊拿球的球員突然運球向自家籃下跑去，並迅速起跳投籃，球應聲入網。這時，全場觀眾目瞪口呆，全場比賽時間到。但是，當裁判宣佈雙方打成平局需要加時賽時，大家才恍然大悟。保加利亞隊這出人意料之舉，為自己創造了一次起死回生的機會。延長賽的結果，保加利亞隊贏了六分，如願以償地出線了。

心理學家的研究結果表明，我們所使用的能力，只有我們所具備能力的二％～五％。這就更有必要提倡打破常規的創造性思維。在一般情況下，按常規辦事並不錯。但是，當常規已經不適應變化了的新情況時，就應解放思想，打破常規，善於創新，另闢蹊徑。只有這樣，才可能化缺點為優點，化弊端為有利，化腐朽為神奇，在似乎絕望的困境中尋找到希望，創造出新的生機，取得出人意料的勝利。

多年以前，豐田公司發現，世界上有許多人想購買賓士車，但由於定價太高而無法實現。於是，豐田公司的工程師放手開發LEXUS汽車。豐田公司在美國宣傳LEXUS時，將其圖片和賓士並列在一起，用大標題寫道：用三萬六千美元就可以買到價值七萬三千美元的汽車，這在歷史上還是第一次。

經銷商列出了潛在的顧客名單，並送給他們精美的禮盒，內裝展現LEXUS汽車性能的錄影帶。錄影帶中有這樣一段內容：一位工程師分別將一杯水放在賓士和LEXUS的發動機蓋子上，當汽車發動時，賓士車上的水晃動起來，而LEXUS車上的水卻沒有動，這說明LEXUS發動機行駛時更平穩。

面對這一突如其來的挑戰，賓士公司不得不重新考慮定價策略。但出人意料的是，賓士公司並沒有採取跟隨降價的辦法，而是相反，提高了自己的價格。對此，賓士公司的解釋只有一句話：賓士是富裕家庭的車，和LEXUS不在同一個層次。賓士公司認為，如果降價，就等於承認自己定價過高，雖然一時可以爭取到一定的市場份額，但失去市場忠誠度，消費者會轉向定價更低的公司。如果保持價格不變，其銷售額也會不斷下降。只有提高價格，增加更多的保證和服務，例如免費維修六年，才可以鞏固賓士原有的地位。就這樣，賓士公司不是跟隨和盲從，而是以超常思維和手段，化被動為主動，擺脫了來自LEXUS的挑戰。

傳統和常規雖然在以前可能是正確的，但形勢變了，思維也需要跟著改變。成功者的特別之處，就在於他們善於打破傳統，開創新思路，並使得結果完全改觀。

智者叮嚀

有時常規是束縛創造力的關鍵，如果我們能夠打破常規，衝出重圍，就可以開啟成功的大門，否則，永遠只能在成功的邊緣徘徊。

變換思維悟真諦

今天的社會，是一個充滿了競爭的社會。競爭無處不在，競爭殘酷激烈。面對競爭，我們要有足夠的堅強來接受失敗的打擊和考驗。但有些打擊和失敗不是來自於對手，而往往是我們傳統的思維、自以為是的經驗在作怪，這時，我們如果變換一下思維，運用大腦發揮我們的智慧，就容易取得最佳效果。

變換思維的角度，是解決問題的一種有效策略。在解決實際問題的過程中，當運用常規的思路陷入困境時，如果能及時地變換思維的角度，往往能產生意想不到的效果。

有個教徒在教堂祈禱時想吸菸，他問在場的神父：「祈禱時可以抽菸嗎？」

神父冷冷地掃了他一眼：「不行！」

這時另一個教徒也想吸菸，他便換了一種方式問神父：「在抽菸時可不可以做祈禱？」

神父想了想回答說：「當然可以。」

同樣是抽菸加祈禱，用要求祈禱時抽菸的方式表達，就似乎意味著對耶穌的不尊重；而用抽菸時可不可以祈禱的方式表達，則可以表示在休閒、抽菸時都在想著神的恩典，神父當然就沒有理由反對了。

可見，用顛倒過來的智慧，從相反的角度去考慮你所要解決的問題，也許就會得到你想要的結果。當然，世界上的事情是不斷變化的，光靠相反的角度有時並得不到連續性的效果，而是要把一個問題折幾個來回，調幾個角度，方能顯出變換思維而取得的最佳效益。

考比爾・鐘斯是美國二十世紀五〇年代最著名的出版商。當時，受美國經濟危機的影響，出版業非常蕭條，鐘斯出版的一大批圖書久久不能銷出，大批大批的圖書積壓在倉庫裡，鐘斯心急如焚。後來，他想出了一個絕妙的銷書辦法。他首先想方設法地與總統周圍的人拉上了關係，有了面見總統的機會。第一次見面，他就把一本積壓最多的書送給了總統，然後就三番五次地委託總統身邊的人向總統徵求對這本書的意見。被政務壓得已不堪重負的總統根本就沒閒心看這本書，但礙於面子，就在這本書的扉頁上寫了「不錯」兩個字。

鐘斯得到這冊書後立即大做廣告，其中有一句是：「這是總統最喜歡的書！」於是這些書被搶購一空。

不久，總統又收到了鐘斯送來徵求意見的書，上次的事情總統也有耳聞，他自己也覺得是上當了，被鐘斯利用了自己的名望。這次他想戲弄鐘斯一下，就在書的扉頁上寫道：「糟透了！」

不料鐘斯拿到書後又在廣告上大做文章，其中有一句是：「這是總統最討厭的書！」這立即就吊起了生性好奇心就極強的美國人的胃口，書加印了幾次還供不應求，鐘斯也因此實實惠惠地賺了一筆大錢。

當鐘斯第三次將其他的書送給總統時，總統接受了前兩次的教訓，於脆把書甩到一邊，不做任何答覆。但過了一段時間，鐘斯又做起了廣告：「這本書總統已經閱讀了兩個月，但沒有發表任何意見，這是總統最難下結論的書。」

於是，市場上又出現了搶購潮，連總統聽說此事也哭笑不得，無可奈何。

《伊索寓言》裡還有一個小故事：

在一個暴風雨的日子，有一個窮人到富人家討飯。

「滾開！」僕人說，「不要來打攪我們。」

窮人說：「只要讓我進去，在你們的火爐上烤乾衣服就行了。」僕人以為這不需要花費什麼，就讓他進去了。

這個可憐人，這時請求廚師給他一個小鍋，以便他「煮點石頭湯喝」。「石頭湯？」廚師說，「我想看看你怎樣能用石頭做成湯。」她就答應了。窮人於是到路上撿了塊石頭洗淨後放在鍋裡煮。

「可是，你總得放點鹽吧。」廚師說，她給他一些鹽，後來又給了豌豆、薄荷、香菜。最後，又把能夠收拾到的碎肉末都放在湯裡。

當然，這個可憐人後來把石頭撈出來扔回路上，美美地喝了一鍋肉湯。試想，如果這個窮人對僕人說：「行行好吧！請給我一鍋肉湯。」會得到什麼結果呢？因此，只要利用你的聰明，發揮你的智慧，你就能成功。

智者叮嚀

一件事情的成敗，關鍵取決於你有沒有變換思考的能力。發揮自己的智慧，往往就能打開局面，取得成功。

做事需要懂得變通

走路如果遇到了「障礙」，不能再往前走了，此時，便需要求變。俗話說：窮則變，變則通。只有「變」才是硬道理，變則可以柳暗花明，找到衝破障礙的突破點。我們做事取勝的辦法不能一成不變，即便過去是奏效的辦法，也不能永遠使用，必然隨時間、地點、條件的變化而變化，這就要懂得變通的道理。而古今成大事者，無不以此達成人生夢想。

一九七三年，英國利物浦市一個叫科萊特的青年，考入了美國哈佛大學。常和他坐在一起聽課的是一位十八歲的美國小夥子。大學二年級那年，這位小夥子和科萊特商議，一起退學，去開發財務軟體。因為新編教程中，已解決了進位制路徑轉換問題。

當時，科萊特感到非常驚訝。因為他來這裡是求學的，不是鬧著玩的，再說BIT系統，默爾博士才教了點皮毛，要開發BIT財務軟體，不學完大學的全部課程是不可能成功的。他委婉地拒絕了那位小夥子的邀請。

十年後，科萊特成為哈佛大學電腦BIT方面的博士研究生，那位退學的小夥子也是在這一年進入美國《富比士》雜誌億萬富豪排行榜。到一九九五年，科萊特經過攻讀取得博士後之後，他認為自己已具備了足夠的學識，可以開發BIT財務軟體了，而那位小夥子則已繞過BIT系統，開發出EIP財務軟體，它比BIT軟體快一千五百倍，並且在兩周內占領了全球市場。這一年，他成了世界首富，一個代表成功和財富的名字——比爾・蓋茲，也隨之傳遍世界的每一個角落。

比爾・蓋茲正因為懂得依情勢而變通，才能成就一番事業。而科萊特卻因為始終一味執著追求規則、傳統而落後了。難道比爾・蓋茲不是在學習嗎？他是在時間中獲得新知而達到了更高的目的。

現實生活中，不管處理任何事情，都要靈活應變。此招不行，趕快換招，否則，即使你用盡了力氣，恐怕也難達到目的。

琳達小時候生活在一個比較富裕的家庭。由於是家裡年紀最小的，父母和哥哥們對琳達都特別寵愛，她養成了一種自以為是的習慣，認為一切都是理所當然的，不管什麼事，都習慣用命令或大叫的方式來表達。

家裡的僕人和親戚對琳達都是言聽計從，可她在跟社區的其他孩子相遇時卻遇到了麻煩。她看到他們玩著一個足球，不時興奮地吆喝著。琳達按捺不住了，飛快地跑過去，用她最平常的語氣喊道：「喂，把球給我玩。」他們誰都沒聽到，仍然你一腳、我一腳地踢著。

琳達有些不耐煩了，跺跺腳，衝進他們的隊伍去搶球。

看到琳達過來，控制球的那男孩一腳把球踢了開去，另一個男孩接住了。琳達又向接球的男孩跑去，快到時，那男孩又一腳踢給了別人。周圍的男孩也配合著大笑起來。琳達終於發現他們是故意捉弄她，於是十分生氣，更加賣力地跑起來，想要把球奪過來。

過了不久，琳達明智地停住了。她一個人確實跑不過他們一群人，再跑下去，只是充當被捉弄的對象而已。

琳達一抹頭上的汗珠，邊罵邊向家走去。這時她發現旁邊的長椅上坐著一位老人，正笑呵呵地望著琳達。

他一定也看到了剛才的一幕，正嘲笑自己呢。琳達更加生氣，為挽回面子，她大步向他走去。

「喂，老頭，你笑什麼？」琳達盛氣淩人地問他。

「琳達，我可以教你怎樣將球奪過來。」老人用誇張的表情回答，「不過你得先心平氣和地坐下來聽我講故事。」

琳達嘟囔了兩句，一屁股坐在了老者旁邊，看著他。

「有一次啊，太陽和風為爭論誰最強大而吵起來了。」老人繪聲繪色地講開了。

「風先說：『我們來比試比試吧。看到那個穿大衣的老頭了嗎？誰讓他更快地脫掉大衣，誰就最強大。我先來吧。』於是太陽躲在了一邊，風朝著那老人呼呼地吹起來。風越吹越大，最後大到像一場颶風。可老人隨著風的變大，反而把大衣裹得更緊了。風放棄了，漸漸停了下來。這時，太陽出來了。他用溫暖的微笑照在老人身上。不久，老人覺得熱了，他脫掉了大衣。太陽對風說道：『看到了吧，溫暖和友善比暴力和粗魯要強大得多。』」

講完故事，老人又笑了起來。他摸著琳達的頭說：「去跟那群孩子道歉，用另一種方式，就會得到你想要的。」

琳達向老人鞠了一躬，離開了。

當然，最後琳達順利地加入了玩足球的行列。可老人給她講的故事卻遠比那天的玩耍更深刻。

智者叮嚀

變通是為了達到自己要的結果而採取的中間策略，這就需要有冷靜的頭腦，敏銳的判斷和豐富的觀察能力，才能撥開迷霧找到那條最合適有效的辦法。

適時的繞道而行

繞道而行，會提高我們的工作效率，會鍛鍊我們的生活毅力，會調整我們的處世心態，會減少我們的身邊大災小難的發生。所以，有的時候，為了達到目標，繞道而行是很必要的事。

兩隻螞蟻為了尋找食物，越過高牆。一隻螞蟻拚命地攀登高牆仍舊無法得到食物，另一隻螞蟻選擇了繞道而行，結果，輕而易舉地飽享了美食。這只螞蟻之所以選擇繞道而行，並不是要徹底放棄，而是選擇另一種途徑達到自己的目的。

動物界中的壁虎在遇到外敵攻擊時，會讓尾巴脫落下來。脫落的部分還能跳動片刻，以分散外敵的注意力。就在外敵分心的時候，壁虎趁機逃走了。過一段時間，脫落的尾巴又會重新生長起來。

與壁虎類似的動物是海星，它的身體有五隻對稱腕。它以腕代足，行走自如。當某一腕遭受攻擊或受到阻礙時，海星會自動斷腕逃生。當然，用不了多少時間，失去的腕會再生長出來。

繞道而行的目的是避開一時間難以克服或者清除的障礙，動機是繼續前進，只是在途中迂回曲折了一下，心中的追求依然存在。

智者叮嚀

繞道而行從表面上看來，它也是在逃避困難，可是它的目的卻是為了更好、更快地克服困難，達到自己的目的。

避開直線思考的方式

有許多滿懷雄心壯志的人毅力很堅強，但是由於不善於進行新的嘗試，因而難於成功。當然要堅持目標，不能猶豫畏縮，但也不能執意前行，不知變通。如果的確感到行不通時，何不避開直線思考的方式，讓你的思考轉個彎呢？

直線思考是人容易犯的一個毛病。很多人表面上說這是人的單純、天真，其實內心多半在嘲笑他們是「白痴」，然而，他們真的白痴嗎？真的一無是處嗎？難道那些嘲笑他們的人就真的勝過他們嗎？

某日，一位被眾人視為白痴的人對天才說：「你猜，我的牙齒能咬住我的左眼睛嗎？」

天才盯著白痴看了幾眼，篤定地說：「絕對不可能啊！」

白痴說：「那，我們來打個賭！」

天才認為這絕對是不可能的事，於是同意打賭，但只見那位白痴將左眼窩裡的假眼球取出丟進口中，用上下牙齒咬著。

天才嚇了一跳，說道：「沒想到，真的可以呀！」

白痴又說：「那你信不信，我的牙齒也能咬住我的右眼睛？」

天才說：「不可能的！」他心想，難道這個傢伙兩隻眼睛都是假的？這絕對不可能，否則他就看不見東西了。

於是，兩人再次打賭，只見白痴輕易地把假牙拿下，往右眼一扣。

天才再度吃驚了，說：「沒想到，真的可以呀！」

一個小城市的居民把某人視為天才。他確實是個天才——但不過是懷著樂觀的想像，腦筋轉了一個彎而已。

在加州海岸的一個城市中，所有適合建築的土地都已被開發出來，並予以了利用。在城市的另一邊是一些陡峭的小山，無法作為建築用地，而另外一邊的土地也不適合蓋房子，因為地勢太低，每次海水倒灌時，總會被淹沒一次。

一位具有想像力的人來到這座城市。有想像力的人，往往具有敏銳的觀察力，這個人也不例外。在到達的第一天，他立刻看出了這些土地賺錢的可能性。他先預購了那些因為山勢太陡而無法使用的山坡地。他也預購了那些每次都要被淹沒一次而無法使用的低地。他預購的價格很低，因為這些土地被認為並沒有什麼太大的利用價值。

他用了幾噸炸藥，把那些陡峭的小山炸成鬆土。再利用幾台推土機把泥土推平，原來的山坡也就成了很漂亮的建築用地。另外，他又雇用了一些車子，把多餘的泥土倒在那些低地上，使其超過水平面，使它們變成了漂亮的建築用地。

他賺了不少錢，是怎麼賺來的呢？他只不過是把某些泥土從不需要它們的地方運到需要它們的地方罷了，只不過把某些沒有用的泥土和想像力混合使用罷了。

在一個世界級的牙膏公司裡，總裁目光炯炯地盯著會議桌旁所有的業務主管。為了使目前已近飽和的牙膏銷售量能夠再加速增長，總裁不惜重金懸賞。只要能提出足以令銷售量增長的具體方案，該名業務主管便可獲得高達十萬美元的獎金。

所有業務主管無不絞盡腦汁，在會議桌上提出各式各樣的點子，諸如加強廣告、更改包裝、鋪設更多銷售據點，甚至於造謠攻擊對手等等，幾乎到了無所不用其極的地步。而這些陸續被提出來的方案，顯然不為總裁所採納。所以總裁冷峻的目光，仍是緊緊盯著與會的業務主管，使得每個人皆覺得自己猶如熱鍋上的螞蟻一般。

在會議凝重的氣氛當中，一位到會議室為眾人倒咖啡的新秘書，無意間聽到討論的議題，不由得放下手中的咖啡壺。在大夥兒沉思更佳方案的肅穆氣氛中，她怯生生地問道：「我可以提出我的看法嗎？」

總裁瞪了她一眼，沒好氣地道：「可以，不過你得保證你所說的能令我產生興趣，否則你隨時準備走人。」

這位女孩輕輕地笑了笑，說道：「我想，每個人在清晨趕著上班時匆忙擠出的牙膏，長度早已固定成為習慣。所以，只要我們將牙膏的管口加大一點，大約比原口徑多四十％，擠出來的牙膏重量，就多了一倍。這樣，原本每個月用一管牙膏的家庭，是不是可能會多用一管牙膏呢？諸位不妨算算看。」

總裁細想了一會兒，率先鼓掌，會議室中立刻響起一片喝彩聲。

一個清新簡單的好主意，往往可以獲得意想不到的精彩成果。有時將自己的思考模式或方向巧妙地轉個彎，的確可以看到更開闊的美景。而你是否也願意改變自己原有的某些想法，來接受一些清新簡單的好主意，讓你的心靈，讓你的人生獲得意想不到的精彩成功呢？

智者叮嚀

遇到了一個難題，如果不適合用採取直線思考，不妨試試另外一種方式，或許能使問題得到圓滿解決。

讓異想天開變成事實

許多人通常都會有一些「異想天開」的想法，但是卻沒有多少人會將這些想法付諸行動，因為他們始終覺得，這也只是能想想而已，而要做到卻是不可能的。所以，許多「異想天開」的光輝，也就被人們自己埋沒了。

異想天開是一種思維狂馳的執著，是靈性無礙的釋放。它的全部過程是一種突破固定、超越當前藩籬限制的自覺。這種把出場和未出場事物綜合為一的思維活動，創造出了一個更加廣闊又極富挑戰性的思維空間。

「陛下，給我一條帆船出海一戰吧，讓我把英國佬打得靈魂出竅。」一九一六年，德國少校盧克納爾（Felix Graf von Luckner）對威廉二世如是說。

此話一出，所有人都很驚詫。

假如這是在中世紀，這樣敢於挑戰大不列顛的軍官固然有些魯莽，但至少會獲得勇敢剛毅的美名。但時光已經到了二十世紀，這個時候，帆船早已成為一種古董，不可能作為戰船來使用。

盧克納爾從小富於反叛精神，膽大心細，善於獨出心裁，想別人不敢想，做別人不敢做的事情。

幸運的是威廉二世卻認真的聽取著這位少校的「瘋話」。

盧克納爾向威廉二世解釋道：「我們海軍的頭兒們認為我是在發瘋，既然我們自己人都認為這樣的計畫是天方夜譚，那麼，英國人一定想不到我們會這樣做的吧，那麼，我認為我可以成功地用古老的帆船給他們一個教訓。」

這段話充分表現了盧克納爾獨特的思維，如果他是一個受過正統軍事教育的軍官，他是很難想出這樣的主意的。威廉二世被說動了，他同意了盧克納爾的計畫，用一條帆船去襲擊英國人的海上航船。

盧克納爾經過千辛萬苦終於找到一條被廢棄的老船，取名「海鷹號」。在他親自設計監督下，這艘船開始古怪的改造工程。

十二月二十四日聖誕夜，「海鷹號」出擊了，順利突破英國海上封鎖線，抵達冰島水域，大西洋航線已經在望。

正在高興地時候，「海鷹號」和英國的「復仇號」狹路相逢。

「海鷹號」的火力只有兩門一〇七毫米炮，而「復仇號」卻是一艘大型軍艦，硬拚顯然不是對手。盧克納爾靈機一動，主動迎上去讓他們檢查，英國的檢查員見是一條帆船，看也不看，放過了這艘暗藏殺機的帆船。

一月九日，到達英國海域後，在盧克納爾的指揮下，「海鷹號」突然發起進攻戰，全殲英國船隻，獲得了巨大的勝利。

盧克納爾這種看似不切實際的想法為他贏得了成功。正因為這種不切實際的做法讓敵人處於輕敵的狀態，「海鷹號」輕而易舉地攻入敵方的心臟，從而獲得戰爭的勝利，給一個國家帶來了榮譽。對盧克納爾而言，不切實際的想法實際就是一種可以打對方一個措手不及的勝招，是一種建立在充分了解對方基礎之上的一種「不切實際」，不是那種通常所說的「瞎想」、「胡想」。

盧克納爾的成功，在於想常人不敢想，從而開闢了一條通往成功的康莊大道。拉開歷史的帷幕就會發現，凡是世界上有重大建樹的人，在其攀登成功的高峰的征途中，都會靈活地進行思考，並能夠熟練應用，成就偉業。

智者叮嚀

想是自由的空間，無拘無束。敢異想天開的人，才可能具有開拓和創造精神，才能做出他人連想都不敢想的創舉。

放長線方可釣大魚

現代社會需要有「放長線釣大魚」的意識。但在現實生活中，總有一些人很世故，他們急功近利，常常為了眼前的一點小利而不擇手段。不可否認的是，急功只能近小利。聰明的釣魚者都知道，要想釣到大魚，只能放長線。

進退之道需要我們懂得，做事切不可幻想立竿見影，馬上順手擒來，必須學會等待。當然，這等待不是消極無為，聽天由命，而是積極準備，蓄勢待發，放開長線，以釣大魚。

武則天時，湖州別駕「蘇無名」以善於偵破疑難案件而聞名朝野。一次，他到神都洛陽，恰巧碰到武則天的愛女太平公主的一批寶物被盜，武則天詔令破案。

武則天賞賜給太平公主各種珍貴寶器共兩盒，價值連城。太平公主收到母親這批賜物，即帶回家中密藏了起來。但是，一年之後寶物不翼而飛。這是聖上御賜的寶物，太平公主不敢隱瞞，立即告訴了武則天。

武則天知道後，認為有損她的臉面，惱羞成怒，立即召來洛州長史，詔令他兩日內破案，如限期之內不能緝盜歸案，則以瀆職、欺君問罪。

洛州長史恐懼萬分，急忙召來州屬兩縣主持治安和緝盜的官員，向他們投下制簽，下令兩日之內破案，否則處以死罪。兩縣的緝盜官員們無力破獲這樣的大案，只是依照長史的做法，召來一班吏卒、游徼，嚴令他們在一日之內破案，否則也是處以死罪。一件疑難大案的偵破任務，便如此一層一層地推了下來。

無法再往下推的吏卒們手中拿著上司的死命令，一時慌了手腳，只得來到神都大街上碰運氣。恰好，他們碰上了進京的蘇無名，於是便一擁而上將這樁「御案」告訴了他。蘇無名聽完後，吩咐他們如此如此，便和他們一塊來到衙門。一進衙門，這班吏卒向著主管緝盜的官員高呼：「捉住盜賊了！」他們的話音還未落地，蘇無名已應聲進了廳堂。緝盜官一問，眼前來的乃是湖州別駕蘇無名，便轉身怒斥道：「膽大妄為之徒，怎能如此侮辱別駕大人！」

蘇無名一見緝盜官訓斥下屬，便朗聲大笑道：「不要怪罪他們。他們請我來此為的是偵破公主萬金被盜的御批大案。」緝盜官一聽蘇無名是為破案而來，驚喜萬分，便急忙向蘇無名請教破案的妙策。蘇無名不動聲色，只是說：「你我立即去見洛州府長史。見了長史，你只需告訴他，御案由我湖州別駕蘇無名來主持偵破即可。」緝盜官依了蘇無名的主意，帶他前往洛州府。

緝盜官和蘇無名二人雙雙來到洛州府。長史一聽破案有了指望，立即行禮迎接蘇無名，感激涕零地拉著他的手說道：「今日得遇明公，是蒼天有眼，賜我一條生路啊！」說完，洛州府長史摒退左右，向蘇無名徵詢破案的妙策。蘇無名依然是不急不忙地說：「請府君帶我求見聖上。在聖上御旨之下，我蘇無名自有話說！」洛州府長史急於破案交差，立即上疏朝廷薦舉蘇無名破案。

蘇無名心中已有了破案之策，那就是稍安勿躁，以查出賊蹤，故而他見了緝盜官，又要見長史，見了長史又要覲見聖上，這一系列的行動都是有目的的。

武則天看過洛州府長史的上疏後，決定立即召見湖州別駕蘇無名。

在神都洛陽的宮殿上，蘇無名見到了武周皇帝武則天。武則天劈頭一句便問：「你果真能為朕捉到盜寶的賊人嗎？」蘇無名答道：「臣能破案！如果聖上委臣破案，請依臣三事：一、在時間上不能限制；二、請聖上慈悲為懷，寬諒兩縣的官員；三、請聖上將兩縣的吏卒交臣差使。如依得臣所請三事，臣下將在兩個月內，擒獲此案盜賊，交付陛下。」

武則天聽完之後，看了看蘇無名，便點頭應允了他的條件。誰知蘇無名奉旨接辦禦案之後，沒有動靜，一晃就是一個多月的光景過去了。轉眼，一年一度的寒食節來臨了，這天，蘇無名召集兩縣大小吏卒會於一堂，準備破案。他吩咐，所有破案人員全部改裝為尋常百姓，分頭前往洛州的東、北二門附近巡遊偵查。無論哪一組，凡是遇見胡人身穿孝服，出門往北邙山哭喪的隊伍，必須立即派員跟蹤盯上，不得打草驚蛇，只須派人回衙報告即可。

這邊蘇無名剛剛坐定，就見一個吏卒喜滋滋地趕了回來。他告訴蘇無名，已經偵查到一夥胡人，其情形正如蘇無名所說，此刻已在北邙山，請蘇無名趕去定奪。蘇無名聽後，立即下令衙役備馬，與來人趕往北邙山墳場。到達之後，蘇無名詢問盯梢的吏卒：「胡人進了墳場之後表現如何？」吏卒回報說：「一切如別駕大人所料，這夥胡人身著孝服，來到一座新墳前奠祭，但他們的哭聲沒有哀慟之情，燒些紙錢之後，即環繞著新墳察看，看後似乎在相互對視而笑。」蘇無名聽到這裡，大喜擊掌，說道：「竊賊已破！」立即下令拘捕那批致哀的胡人，同時打開新墳，揭棺驗看。吏卒奉命逮捕了胡人，但對開棺之令不免猶豫不前。蘇無名見狀，笑道：「諸位不必疑慮，開棺取贓，破案必在此舉！」於是，吏卒動手掘墳開棺。隨著棺蓋緩緩開啟，棺內儘是璀璨奪目的珠寶。檢點對勘之後，證實這些正是太平公主一月前所失的寶物。

蘇無名一舉偵破太平公主的失竊大案，震動了神都洛陽。武則天下旨再次召見蘇無名，問他是如何斷出此案的。蘇無名應召進殿，對道：「臣下並沒有什麼特殊的神謀妙計，來神都匯報工作的途中，曾在城郊邂逅了這批胡人。憑藉臣下多年辦案的經驗，當即斷定他們是竊賊，只是一時還不知他們下葬埋藏的地點，只得放長線釣大魚，耐心等待。寒食節一到，依民俗，人們是要到墓地祭拜的。我料定這批借下葬之名而掩埋贓物的胡盜，必定會趁這機會出城取贓，然後相機席捲寶物逃走。因此臣下差遣兩縣吏卒便裝跟蹤，摸清他們埋下寶物的地點。據偵查的吏卒報告，他們奠祭時不見悲切之情，說明地下所葬不是死人，他們巡視新墳相視而笑，說明他們看到新墳未被人發覺，為寶物仍在墳中而高興。因此我決定開棺取證，果然無誤。」

蘇無名繼續說道：「假如此案依陛下兩天之限，強令府縣去偵破，結果必因風聲太緊，竊盜們狗急跳牆，輕則取寶逃亡，重則毀寶藏身。那麼，在證毀賊逃的情況下，再去緝盜追寶，就勢必事倍功半了。所以陛下急破之策不宜行，急則無功。現在，官府不急於緝盜，欲擒故縱，盜賊認為事態平緩，就會暫時將棺中寶物放在那裡。只要寶物依然還在神都近郊，我破案捕盜就輕如囊中取物。」

所以，放長線要放在有大魚的地方，才有釣大魚的可能。如果你把長線放在游泳池裡，那必然是徒勞無功，血本無歸。

智者叮嚀

在做事情的時候，不能急於求成，必要時敢於放棄，然後善於收手。耐心等待，不急不躁，伺機而動，才能在把事理層層剖析清楚之後步步為營，穩操勝券。

隨機應變巧解圍

人際交往中，有時會因突發事件陷入被動尷尬的困境，此時若能隨機應變，拿出對策，就可以化被動為主動，巧妙解圍。

從思維方式上來看，隨機應變屬於一種突發性的思維。在毫無事先準備的情況下，針對不同的機遇、面對情況的突然變化，做出迅速的反應，採取應急對策，應付突發事變，這種能力實質上是一種快速的決策能力。但它也必須經過分析、綜合、選擇、判斷的過程，只不過這個過程是在很短的時間內完成的。

一般來說，面對他人的尷尬之語，可以採取以下幾種應變之術：

1、**即景生情**：某些場合由於臨時事變，給當事人設下難題，此時如能就地取材，巧借環境，便能啟動氣氛，擺脫困境。

中國著名的相聲演員馬季和趙炎有一次在山東演出時，正表演相聲《吹牛》，台上燈泡一下炸了，台下一片譁然，只見馬季隨機應變向觀眾說了一句：「我們吹牛的功夫真到家，燈泡都被我們吹破了。」說罷，台下立即報以熱烈的掌聲，氣氛頓時又活躍起來。可見馬季不僅是一位傑出的相聲藝術家，同時也是一名機智應變的高手。

2、**逆向釋因**：有時面對攻擊，借用對方說理的漏洞，利用嚴密的推理法，向對方攻擊的相反方向說理，便能從困境中解脫出來，收到克敵制勝之效果。

有一次，英國著名作家蕭伯納脊椎骨出了毛病，需要從腳跟上截一塊骨頭來補脊椎上的缺陷。手術後，醫生想多要一點手術費，對蕭伯納說：「蕭伯納先生，這是我們從來沒做過的手術啊！」

「好極了，」蕭伯納說，「請問你打算付我多少錢試用費呢？」醫生的意思是要蕭伯納多付一點手術費，蕭伯納卻從對方話中指出破綻，告訴醫生新手術意味著什麼，使醫生捉雞不成，反賠上一把米。

3、**戲謔反擊**：面對惡意的漫罵，不是用污言穢語反擊，而是抓住對方言語中的破綻，用戲謔之語巧妙反擊，可以跳出困境，制伏對方，還能達到妙趣橫生的效果。

美國總統林肯在一次演講中，收到一張紙條，林肯打開一看，上面只寫了兩個字：「傻瓜。」林肯不露聲色，鎮定地說：「本總統收到許多匿名信，全都是只有正文，不見署名。而今天正好相反，這位先生只署上了自己的名字，卻忘了給我寫信。」林肯總統面對他人的漫罵，抑制了自己的憤怒，幾句戲謔的話，初看好似毫不經意，實際上不僅諷刺了那位漫罵他的人，而且維護了自己的尊嚴和人格。

4、**模糊應對**：模糊語言是日常生活中隨機應變的一種重要方法，常用於一些不必要、不可能或者無法把話說得太實、太死的情況。這時，就需要求助於語意表達上具有「彈性」的模糊語言來應對。

北宋時期著名政治家王安石有個兒子叫王元澤。王元澤年幼時，有一次到父親的一位朋友家中去玩。王安石的朋友看王元澤年幼，知道他不可能區分出關在籠中的獐和鹿。於是，他故意問王元澤：「籠子裡的兩隻動物，哪一頭是獐，哪一頭是鹿？」王元澤不慌不忙地答道：「獐旁邊那頭是鹿，鹿旁邊那頭是獐。」聽了王元澤的答語，他父親的這位朋友十分驚奇，立刻豎起大拇指讚賞王元澤聰穎機智。王元澤年幼無知，區分不出關在籠中的獐和鹿，無可厚非，但他卻機智巧妙地用模糊語言為自己解了圍，充分地反映了他過人的應變能力。

5、**將錯就錯**：在人際交往中，每個人都有可能說錯話。在這種情況下，如果不及時補救，就會授人以柄，造成尷尬局面，從而影響自己的形象和聲譽。但是，當說錯話以後，如果我們來個將錯就錯，借題發揮，把錯話說「圓」，最終可以輕鬆地擺脫窘境。

一次婚宴上，來賓爭著向新人祝福。一位先生激動地說道：「走過了戀愛的季節，就步入了婚姻的漫漫旅途。感情的世界時常需要潤滑。你們現在就好比是一台舊車……」其實他本想說「新車」，卻一時口誤，霎時舉座譁然。這對新人的不滿更是溢於言表，因為他們都各自離異，歷盡波折才成眷屬，自然以為剛才之語隱含譏諷。那位先生發覺言語出錯，連忙住口。他的本意是要將一對新人比作新車，希望他們能少些摩擦，多些諒解。但話既出口，若再改正過來，反而不美。他馬上鎮定下來，不慌不忙地補充一句：「你們現在就好比是一對舊車……裝上了新的發動機。」此言一出，舉座稱妙。這位先生繼而又深情地說道：「願你們以甜美的愛情為潤滑油，加大油門，開足馬力，朝著幸福美滿的生活飛奔！」餐廳內頓時響起掌聲。這位來賓將錯就錯，順著錯處續接下去，巧妙地改換了語境，將原本尷尬的錯話化作了深情的祝福，頗有點石成金之妙。可見，將錯就錯不失為一種隨機應變的巧妙方式。

6、**故意曲解**：故意曲解就是順著對方話語的邏輯，故意曲解關鍵字眼，轉守為攻，出奇制勝。

魯迅先生在廈門大學任教時，當時的校長林文慶經常克扣辦學經費，刁難師生。有一天，他把研究所的負責人和教授找去開會，提出要把辦學經費減半。教授們紛紛反對，林文慶陰陽怪氣地說：「關於這一點，我不能聽你們的，學校的經費是有錢人拿出來的，只有有錢的人才有發言權。」他的話剛說完，魯迅迅速站起來，從口袋裡摸出兩枚銀幣，「啪」的一聲放在桌上，說：「我有錢，我也有發言權！」林文慶想不到魯迅先生會說這樣的話，一時間無以應對。接著，魯迅先生力陳辦學經費不能減少，只能增加的理由，駁得林文慶理屈詞窮、啞口無言，最後只得收回其說過的話。

事物總是在不斷變化，沒有固定的形態。那麼，在不斷變化的事物中，抓到規律，運用謀略，應變如神，往往可以使你在危境中峰迴路轉，柳暗花明，只不過，做到隨機應變並非易事，除卻天性聰穎、腦子靈活之外，還要打破僵化的思維，跳出「自我的欄杆」，想像就會海闊天空，任意馳騁。

智者叮嚀

事件和變化相互結合、相互依存，組成一個統一體。在這個統一體中，事件是基礎，沒有事件當然就沒有變化。

採取曲線進攻的方式

對一個目標直接進攻失敗時，不妨退一步，想一想，不要累死在一條路上，撞倒在一面牆上，而應繞道而行。

在你實現目標的過程中，如果有某一位關鍵人物成為你成功的阻礙，而你無法說服他時，你可以從他身邊的人或事著手，使他感動或者不得不答應你。

一位美國作者曾經講述這樣一件事，他的妻子是如何一面奉承他，說決定權在他手中，一方面又使他不得不答應買下一幢他不想買的房子。我們來看看他對整個過程的生動描述：

我打電話回家，妻子告訴我：「我買了一幢房子。」

「什麼?再說一遍。」我嚇到要跳起來。

「哦，我買了一幢房子。」她小心翼翼地說。

「喂,」我插話說,「我想你大概沒有把話說清楚。你可能是想說你看到了一幢你喜歡的房子吧？」

「對呀，」她說，「而且，我買下來了。」

我的喉嚨裡好像堵了一塊東西似的。「不，不，你是說你看中了一幢房子，而且為這幢房子提出了訂約條件吧。」

「是的，」她說，「他們接受了它，而我們買到了。」

我努力抑制自己的強烈感情：「你買……買……買……買了一幢房子？整個一幢房子？不可能吧！」

「哦，是的，」她乾巴巴地說，「這實際上很容易……你會愛上它的。它是一幢英國式建築，有十六間房，五十五年前建的，可俯視密執安湖。」

我又結結巴巴、反反復複地說：「你買……買……買了一幢房子。」

「是的！」我的妻子加強語氣說道。

最後，由於認識到我處於緊張狀況，她降低聲音說：「我確實在合約上寫明買房子一事最後要由你批准。」

「你是說，如果我不同意，你可以撤回它，是嗎？」

「當然可以，」我的妻子向我保證，「在星期六上午十點鐘以前，我們還有時間。

如果你不喜歡這個方案，我們可以撤回。當然，這就意味著我必須將『搜尋』工作從頭至尾再來一遍。」

我星期五晚上很晚到家，第二天又早早起來穿戴整齊。妻子和我要去看她覺得已經買下的那幢房子。然而，只有我——法律意義上的一家之主，才能親臨現場做最後決定。我們倆人瀟脫地走進「指揮車」，由我這位法律意義上的司令開車，我的合夥人坐在旁邊。

行駛途中，我問妻子：「順便問一句，有什麼人知道你快要買這幢房子了嗎？」

「有啊。」她說。

「誰會知道呢？這事剛發生！」

「很多人。」她回答。

「誰？」我追問。

「哦，首先，我們所有的鄰居和朋友都知道。實際上，今晚他們正準備為我們舉辦一次盛大的告別晚會。」

我的嘴部肌肉發緊：「你是說『首先』？還有誰知道呢？」

「哦，我們的家人知道──你家的人和我家的人。實際上，我媽媽已經為起居室訂做了窗簾。我打電話把尺寸告訴她了。」

我的胃縮成一團，這時我開過一個拐角：「還有誰知道？」

「哦，還有孩子們知道。他們告訴了他們的朋友和老師。他們挑選了他們想要的臥室。雪倫和史蒂文在商場給各自的新房間訂了傢俱。」

「我們的狗怎麼樣？」我問，同時想制止前額血管的顫動。

「噢，弗拉菲也去過那裡，盡可能地到處嗅。牠喜歡附近的消防栓，隔壁一條街上的一隻漂亮的公狗也引起了牠的注意。」

我還能說什麼呢？當然是買下這幢房子。

上面的這個故事中，這位妻子用的同樣是曲線進攻的策略。

智者叮嚀

希望「攻克」某一個人時，就要以他為中心點，去獲得中心點上緊密圍繞的那些人的支持，這樣你就能左右逢源，獲得成功。

逆向思維出成果

與常規思維不同，逆向思維是反過來思考問題，是用絕大多數人沒有想到的思維方式去思考問題。運用逆向思維去思考和處理問題，實際上就是以「出奇」去達到「制勝」。因此，逆向思維的結果常常會令人大吃一驚，喜出望外，另有所得。

照相機，在它問世之初是被當做精密複雜的儀器來看的，一般大眾與它沒有緣分。但是，喬治・伊士曼——紐約羅徹斯特鎮一家小銀行的事務員卻認定：「照相機應像鉛筆一樣簡單，誰都可以使用。」

一八八一年，伊士曼用五千五百美元開辦了攝影器材公司，這就是今天名聞世界的柯達公司的前身。一八八八年六月，伊士曼把「柯達第一號」送進了市場。一九六三年，當柯達公司在二十七個國家同時推出大眾化的「自動式」照相機時，全世界為之轟動。

跳傘運動員從飛機上躍出，在降落傘張開前的瞬間，他完成了軟片的裝卸；老人、兒童、婦女，全部都應付自如地擺弄著柯達自動照相機。它的好處還在於售價便宜，在柯達自動照相機三種機型中，大半在五十美元以上，最便宜的只售十美元。

這種「自動式」相機立即風靡世界，柯達公司大發其財。柯達成功的原因就在於「反常而行」。

相機的功能開始並不複雜，可隨著性能越來越好，操作使用也越來越煩瑣。這對於專業攝影者來說當然無所謂，但對普通人來說就不同了。因此一反常規，讓相機的操作簡單得不能再簡單——只需輕輕一按便可完成照相過程，就連「傻瓜」也能操作，這便獲得了轟動性的創新成果。

然而，更出人意料的還在後頭。就在柯達公司贏得大眾、自動相機賣好的情況下，又進一步宣稱：「自動照相機的專利本公司絕不獨占，我們同意所有廠商仿造它。」這絕對不是平常人願意做的。一般人在自家產品暢銷時，肯定會千方百計保守秘密，以專利壟斷市場，獨享其利。柯達的做法，讓人疑惑它的目的所在。

然而，這正是柯達成功的又一訣竅。今天，提起柯達，人們首先想到的不是自動照相機，而是大名鼎鼎的柯達軟片。原來，放棄專利讓其他照相器材廠商共同拓展世界照相機市場，最終必然刺激軟片的銷售。

逆向思維最可寶貴的價值，是它對人們認識的挑戰，是對事物認識的不斷深化，並由此而產生「原子彈爆炸」般的威力。我們應當自覺地運用逆向思維方法，創造更多的奇蹟。

在日常生活中，常規思維難以解決的問題，透過逆向思維卻有可能輕鬆破解。

有兩個人一起出差，其中一個人逛街時看到大街上有一老婦在賣一隻黑色的鐵貓。這隻鐵貓的眼睛很漂亮，經仔細觀察，他發現鐵貓眼睛是寶石做成的。於是他不動聲色對老婦說：「能不能只賣一雙眼珠。」老婦起初不同意，但他願意花整隻鐵貓的價格。老婦便把貓眼珠取出來賣給了他。

這個人回到旅館後，欣喜若狂地對同伴們說，我撿了一個大便宜，用很少錢買了兩顆寶石。同伴問了前因後果，問他那個賣鐵貓的老婦還在不在？他說那個老婦正等著有人買她的那只少了眼珠的鐵貓。

同伴便取了錢尋找那個老婦去了，一會兒，他把鐵貓抱了回來。他分析這只鐵貓肯定價值不菲。他用錘子往鐵貓身上敲，鐵屑掉落後發現鐵貓的內部竟然是用黃金鑄成的。

買走鐵貓玉眼的人是按正常思維走的，鐵貓的玉眼很值錢，取走便是。但同伴卻透過逆向思維斷定：既然貓的眼睛是寶石做的，那麼它的身體肯定不會是鐵。正是這種逆向思維使同伴摒棄了鐵貓的表象，發現了貓的黃金內在。

智者叮嚀

遇到某些問題時，可以從結論往回推，倒過來思考。反過來去想或許會使問題簡單化，甚至因此而有新的發現並創造出驚天動地的奇蹟來。

第六篇

做事，沒有人能獨自成功

成功不是說來就來，想要就能要到的。它不僅僅需要個人的努力奮鬥，更需要他人的幫助與扶持。從古到今，沒有哪一個人，也沒有誰能僅依靠一己之力獲得事業的成功。

主動團結別人，才能被人團結

「同心山成玉，協力土變金」，這句古話形象地道出了團結的強大威力和豐厚回報。孔子在論語中，也有不少關於團結與和諧的論斷。他說：「君子和而不同，小人同而不和。」又說：「君子矜而不爭，群而不黨。」其意是說，行為莊重而不與他人爭執，保持和諧而不結黨營私，善於團結別人而不搞小團體，才稱得上君子。

眾所周知，團結的基礎是共同的理想，只有「志同道合」才能團結一致，風雨同舟。在一個團隊中，要想獲得成功就只能用「加法」和「乘法」，即把所有團隊之中的力量都團結起來，形成合力；最不適合用「減法」和「除法」，即把寶貴的力量和智慧無謂分散，相互抵消。

但是，在一個團隊之中，要想被人團結，就得主動地去團結他人。

中國「新東方教育科技公司」的創始人「留學生之父——俞敏洪」，有一次在寒假班的講話中說過這麼一段耐人尋味的話。他說，一個人要想生活得更好，他只要獲得幾種能力就行。一是自然能力，二是技術能力，三是知識能力，四是與社會與人打交道的能力，五是人的生理承受能力和心理承受能力。

俞敏洪說，所謂與社會、與人打交道的能力，就是要像狼群一樣的生活。狼有三個特點，一是即使剩下最後一隻狼的時候，牠也會勇往直前地去掠取食物，也就是說牠具有勇敢性。二是狼是群體動物，很少有一條狼單獨掠取食物的時候，所以即使老虎看到狼群也會退避三舍，這就是群體的力量。一個人要想在社會上有所作為，他必須要認識到群體力量的重要性，並且要學會如何利用群體的力量。三是狼能夠排除無能之狼。當狼群中的頭狼老了的時候，年輕的狼會把牠從頭狼的位置上拉下來，這樣就會保持整體狼群的強大。人也是一樣，要想成大事，首先要勇取，其次要能團結別人一起做事，最後他要能排除自己身上的無能之處，這個人肯定不會是一個平庸之輩。

打個比方，一個宿舍中有六個人，你是其中一個，與其他五個人之間的關係都不太好，那麼問題的原因一定不在其他人身上，一定在你身上，你一定有很要命的缺點，但是你自己並沒有意識到，這就說明你不會與人打交道。反過來一個宿舍六個人，其餘五個人和你的關係都非常融洽，而且他們都非常願意採納你的意見，這就說明你和其他人的關係非常好，你會和人打交道，你懂得如何去發現別人的優點，你懂得去理解別人、團結別人，說明你將來會是一個有雄才大略、能做一番事業的人。

如果一個宿舍分為兩派，你參與其中一派，兩派之間天天鉤心鬥角，互相說對方的壞話，這就說明你是一個胸無大志、鼠目寸光的無聊之徒。

與俞敏洪所說相通的是聯想的文化元素，聯想在選取高級人才時，有六項標準。其中，第四項和第五項分別是「搭班子、建隊伍的管理能力」、「團結多數，使集體成員通力合作的協調能力」，並將這兩種能力牢牢地當作了聯想在選用人才時的標準。該公司的創始人柳傳志認為，如果不具備合作精神，不能團結別人，就不能稱為真正的人才。

智者叮嚀

不管一個人的能耐有多大，如果不懂得與他人攜手共進，不懂得借用他人之力，頂多只能稱得上是一個獨臂英雄，一個無人呼應的強者。

讓每個人都發揮自己的優勢

善於發現他人的長處，讓每個人都充分發揮自己的優勢，可以實現優勢互補，協同作戰。更重要的是能夠使人才各揚其長，互補其短，從而形成一股合力，誕生一種「核力」，以至迅速趕上和超過競爭對手的實力。

暢銷書《致加西亞的信》（A Message To Garcia）中有這麼一句話：無論執行什麼樣的任務，或實現什麼樣的目標，選擇合適的人擔當重任是最為關鍵的。書中的美國總統麥金萊選擇了年輕的中尉安德魯．羅文去把信送給加西亞將軍，就是一個最好的例證。正因為安德魯・羅文有著非同一般的敬業精神和非同一般的聰明智慧，才順利地完成了這一光榮的使命。

由此也可以看出，麥金萊總統在選擇羅文去執行這一任務時，是讓合適的人去做了一件合適的事。否則，發生在一八九八年的那場美西戰爭可能就會是另外一種情形。

古時候有一個寓言故事，說的是有一位名叫西鄰的先生，他有五個兒子，大兒子很樸實，二兒子很聰明，三兒子眼不好，四兒子腰有毛病是個駝背，五兒子一條腿殘廢。大兒子很樸實，西鄰先生就叫他務農；二兒子很聰明，西鄰先生就叫他經商；三兒子是瞎子，西鄰先生就叫他從事按摩；四兒子是個駝背，西鄰先生就叫他搓草繩；因為他的背是彎曲的，做一天下來也不覺得累，工作效率反而特別高；五兒子只有一條好的腿，西鄰先生就叫他紡線，他把紡線車放在桌子上，人就坐在那個地方，用手搖，工作效率也出奇高。於是，一個與殘疾人俱樂部差不多的家庭，在西鄰先生的安排下，竟變得不愁吃，不愁喝了。

其實，一個家庭是這樣，一個企業，甚至一個國家又何嘗不是如此呢？無論是在工作中還是生活上，每個人都有長處，團隊的管理者要善於發現每一個人的長處，並使他們向著一個目標努力形成合力，這樣就一定能成功。特別是有的人並不清楚自己的長處在什麼地方，這就需要別人、需要團隊管理者幫著發現，讓他揚其長處從而成功。

著名的前國家級籃球教練丁克威在籃球隊執教長達三十九年，期間培養了二十一位國家級球員，幫球隊贏得全國冠軍，球隊中有十三名世界紀錄保持者及數位奧運金牌得主。他的秘訣在於善於鼓勵人，發揮個人的長處，強調個人的動力。

還有一位田徑教練員，有一年在太平區的田徑賽中，他帶隊參加四人接力賽決賽。隊員先前在個人賽中都不幸敗北，士氣低落，並且只有一名是專跑接力的。這時他把四名隊員召集在一起，決定給每一位以真誠的鼓勵。

當時，他雖然不是一名專職的田徑教練，但他經過分析後認為：只有發揮出各自的長處，才有可能取勝，於是他告訴第一名，你耐力夠，一定會超過別隊隊員；第二名擅長障礙賽，因此在無障礙的接力賽中定能輕易超越；第三名善於長跑接力，現在只跑四分之一里程更能勝任；緊接著，他又對第四名說：「你是頂尖的，跑給他們看！」然後，隊員們奮力一試，果然奪得了冠軍。

要善於把合適的人安排在合適的崗位上，讓每個人都發揮自己的優勢。如果凡事都要靠自己，累死了也解決不了問題。所以，會做事的人不是凡事自己做，而是善於引導和激勵別人。

一個優秀的團隊在才能上應是互補的。共同完成目標任務的保證就在於發揮每個人的特長，並注重流程，使之產生合作效應。

智者叮嚀

成功心理學還發現，截至目前，人類共有四百多種優勢。一個成功的團隊，就在於揚長避短、最大限度地發揮每個人的優勢。

發揚團結合作的精神

樹只有成林，才能抗風雨。團結合作是我們生存的關鍵，是我們成功的基礎。只有團結合作，集體奮鬥，我們才能凝聚每個人的力量，克服困難，獲得成功。

團結就是力量，合作才有出路。在當今勞動分工日益精密的情況下，靠個人的能力成功的機會更少了。合作已經成了人的一種能力，一個成功的基礎。

從前，有五個小手指，他們分別是大拇指、食指、中指、無名指和小拇指。他們都是好朋友，從來沒有吵過架，關係親如兄弟。

有一天，他們又在一塊兒聊天。不知道為什麼，他們為了「比誰的力氣大」這件事而發生了爭吵。

大拇指說：「我是老大，當然是我的力氣大啦！」

「不對，我這樣粗壯，我的力氣最大。」食指也毫不示弱。

「你們說的都不對，我的力氣最大。」中指也氣憤地說。

「不對，我的力氣最大。」

「不對，我的力氣最大。」

就這樣，他們五兄弟越吵越激烈，誰也不服誰。

「好了，都別吵了，既然大家都不服氣，那我們去找個人來評理吧。」大拇指說。

這時候，他們看到桌上有一個皮球，大拇指就對他說：「皮球，你來幫我們評評理吧，你說說，我們中間，誰的力氣最大？」

皮球說：「好吧，你們來比一比，看誰能把我舉起來，那麼誰的力氣就是最大的。」他們互相看了一眼，都說：「比就比。」

首先上場的是大拇指，只見他用盡了全身的力氣也不能把皮球舉起來，只好灰溜溜地下台了。別的手指都嘲笑他無能，他聽了更加無地自容了。接著，食指又大搖大擺地走到球前面，抖抖肩膀，一副十分自信的樣子，說：「看我的！」說著就去舉球，但還是失敗了。他只好愁眉苦臉地回到自己的座位上。再接著，中指、無名指和小拇指一個一個地輪流上去，都費了很大的勁，還是沒有一個成功舉起來的。

皮球看著他們垂頭喪氣的樣子，笑著說：「既然你們誰都不能單獨將我舉起，為什麼不一起來試試呢？」五個指頭你看看我，我看看你，然後異口同聲地說：「好！一、二、三。」他們沒費多大力氣，皮球就被舉得高高的了。

只要齊心協力、互相團結，任何困難的事情在我們面前，都將是渺小的。

智者叮嚀

每個人都應該在團隊中成長，以開放的心態去接納和幫助我們每一個有共同追求和奮鬥目標的人，融小我於大我之中，從我做起，從點滴做起。

合作能彌補個人的不足

對於團隊而言，每一個角色都是非常重要的，無論能力強弱，也無論是領導者還是團員，在團隊中的地位是沒有高低之分的。個人的力量在團隊之中，只是部分的，唯有團隊的力量才是整體的。因為團隊的成功是集體的成功，而不是某個人的成功。

在團隊中，成員之間可以互相學習、互相彌補各自的不足。團隊工作可以加強人員的自省，令成員充滿工作激情。不同背景的隊員走在一起，便可以產生不同的效果。一般而言，背景相似，從事相同的工作便有優勢。而在一些要求有創意的團隊，不同背景的隊員合作才能擦出火花。當然，在團隊合作的過程中，可能有紛爭，亦有一致；彼此關係有疏離，亦有緊密，但只要是朝著同一目標邁進的，就能促使團隊的成功。

微軟取得如此輝煌的業績，不僅緣自於比爾．蓋茲超人的商業頭腦和運氣，更重要的是來自於微軟獨特的管理文化。在管理工作中，微軟將「釋放資訊」的工作方式發揮到極致：不論你是哪個部門或哪個專案小組，不論你是上級還是下級，都盡可能的將自己目前的工作狀況、專案思路、計畫實施、遇到問題等資訊公佈出來。在「釋放資訊」這種形式的背後，微軟創造的是一種相互信任、相互協助、高效率的工作氛圍，培養了員工「個人成功服從公司成功」，任何人的工作都是為了公司發展的企業文化。它的目的就是互通有無、資訊共用、相互協作，它的最高境界就是一切為了公司的成功和發展。

大家都曾聽過龜兔賽跑的故事，也知道比賽最後的結局是烏龜得了冠軍。這個故事經過現代人的演繹後卻有了新的結局，那就是「新龜兔賽跑」。

話說在第一次比賽中，兔子因為過分驕傲，在路上睡了一個大懶覺後，竟被烏龜奪得了冠軍，為此倍感失望和懊惱。痛定思痛之後，牠分析了失敗原因，是因為太自信、太大意和散漫造成的。如果牠不自以為是，認為勝利是非自己莫屬的，烏龜是不可能打敗牠的。於是，牠決定和烏龜再來一場比賽，烏龜同意了。

這次，兔子吸取了上次的教訓，不敢懈怠和大意，它全力以赴，全神貫注地從頭到尾一口氣跑完，領先烏龜好幾公里，最後終於獲勝了！

這一次比賽結束後，烏龜進行了自我檢討。牠很清楚，照目前的方法比賽，牠不可能擊敗兔子。於是，決定再與兔子來一場比賽，只不過這次牠選擇了在另一條稍稍不同的線路上進行，兔子同意了。

比賽開始了，兔子為了確保自己立下的誓言——從頭到尾一直快速前進，不敢懈怠，飛馳而出，急速快跑，直到遇上一條寬闊、湍流不息的大河。這次比賽的終點就在這條河對面的幾公里處。兔子呆坐在那裡，一時不知該怎麼辦。此時，烏龜追趕上來，牠縱身躍入河裡，不一會兒工夫，便遊到了河對岸，上岸後，繼續爬行，最終烏龜又獲勝了。

經過幾輪比賽，兔子和烏龜成了惺惺相惜的好朋友，牠們一起分析、檢討、反思各自的問題。他倆都覺得，各自都有各自的長處，也都有各自的短處。為了能做得更好，牠們決定改變比賽的規則，由雙方之間的競爭變成了共同合作。因為牠們都清楚，在陸地上賽跑，這是兔子的強項，而在水中賽跑，卻是烏龜的優勢。如果能透過優勢互補的合作，那麼，牠們肯定能在這條線路上跑出最佳的成績來。

於是，牠們一起出發了。在前段陸地上奔跑時，兔子扛著烏龜，一路飛奔而去。直到河邊，牠們互換位置，烏龜匍匐在地上，等兔子安穩地趴在其背上後，便躍入了河中。不一會兒，牠倆遊到了河對岸，兔子再次扛起烏龜，一蹦一躍地快速到達了終點。與前次烏龜到達終點相比，這次抵達終點的時間明顯縮短了，速度也明顯快了許多。不僅如此，牠倆終於得到了這樣一個道理：要想在這條線路上跑出最好的成績來，只有經過優勢互補，只有經過通力合作，才能取得最好的成績。不管是烏龜與是兔子，如果僅憑一己之力，單打獨鬥，誰也無法跑出這樣的成績來。

這則故事說明：一個人的力量和能力畢竟是有限的。每個人都有強項、弱項，優勢、劣勢，在某些時候，某些方面，某種情況下，你的能力可能高過他人，而在另一種情景下，你很可能技不如人，其他人則會比你做得更好。彌補個人的這種不足，便可提高團隊的戰鬥力。為了使整體水準提高、作戰力提升，就必須發揮團隊的力量和作用。

智者叮嚀

沒有一個人是萬能的。一個好的創業團隊，成員間的能力通常都能形成良好的互補，而這種能力互補，也會有助於強化團隊成員間彼此的合作。

不要對他人吹毛求疵

人生不可能事事都如意，也不可能事事都完美。追求完美固然是一種積極的人生態度，但如果過分追求，而又達不到，就必然會產生浮躁。過分追求完美往往不但得不償失，反而會變得毫無完美可言。

俗話說，水至清則無魚，人至察則無徒。合作也一樣，如果苛求每一個合作夥伴都完美無缺，那麼尋遍天下，也很難找到你要找的人，更別說組一個團隊，整合一批人，去從事某一項工作了。

有這樣一個童話，說的是有一個圓，被人切掉了一小部分，它感到很自卑。它想要找回一個完整的自己，為此它到處去尋找屬於自己的那塊缺角。因為自己不是完整的圓，所以，在尋找的時候，它滾得很緩慢。一路上，它與鮮花為伍，與昆蟲們交談，但為了那片缺角，它無法享受生活的快樂。它也曾找到很多塊缺角，卻發現它們都不是從自己身上掉下來的那塊，但它並不氣餒，繼續尋找著……

終於有一天，它如願以償找到了那塊缺角，並且重新使自己成為了一個完整的圓。然而，這樣的它卻滾動得太快了，以致錯過了花開的季節，忽略了鳥蟲的呢喃，感受不到生活的樂趣。後來，它終於意識到了這一點，毅然丟掉了那塊歷經千辛萬苦才找到的缺角……

在我們的現實生活中，無數的人不止一次地犯著同樣的錯誤：過分地追求完美。他們不僅僅是對自己的各個方面要求做到完美，更多的是要求別人是完美之人，於是他們常常在生活中苦苦地尋找。正是由於陷入這種誤區，讓很多人無法與別人進行通力合作，也無法形成一個團隊去成就某項事業。

阿李就職於國內一家有名的物流公司，他對自己的工作可謂是兢兢業業，對公司也是忠心耿耿，不到三年，就被提升為公司的資源部經理。對於阿李的工作能力，公司上上下下都給予了充分的肯定——國立大學畢業的MBA確實不一般。

然而，阿李一直是個理想主義者，對事事都追求完美，對工作更是如此，他不允許任何人在工作上出現一點點差錯。對於自己，阿李的要求幾乎是苛刻的，為了督促自己，他特地制訂了一個工作標準，時時刻刻檢查自己。對下屬，阿李也同樣如此，凡是他交代給下屬的任務，總是百分之一百地追求完美。只要有一點點的瑕疵，他就會要求員工重新改過，他有時甚至接連三四次推翻下屬擬訂的工作方案。下屬在佩服阿李工作能力和敬業態度的同時，也對他的過於嚴格的工作標準叫苦不迭。不管員工怎麼努力，似乎他們都無法達到阿李的要求。因此，在每個月的員工考核表上，最好的考核成績也僅僅是B⁺，從來沒有人得過A。

由於阿李過於完美的工作標準，下屬感到壓力重重，工作起來畏手畏腳，該做的工作也不願意去做了，因為最後的工作不僅得不到上司的承認，反而可能被指責一番。最後，他的下屬總結出了一個結論：多做不如少做，能不做的儘量少做。所以，自從阿李到資源部以後，這個部門的員工工作熱情明顯下降，出現了消極怠惰的現象，大家對阿李也是敬而遠之。在公司進行的年終部門考核中，阿李主持的資源部的績效考核排在了公司的最後幾名中。

有一個人非常幸運地獲得了一顆碩大而美麗的珍珠，但他並不感到滿足，因為在那顆珍珠上面有一個小小的斑點。他想若是能夠將這個小小的斑點剔除，那麼它肯定會成為世上最最珍貴的寶物。於是，他就下狠心削去了珍珠的表層，可是斑點還在；他又削去第二層，原以為這下可以把斑點去掉了，殊不知它仍然存在。他不斷地削掉了一層又一層，直到最後，那個斑點沒有了，而珍珠也不復存在了。那個人心痛不已，並由此一病不起。在臨終前，他無比懊悔地對家人說：「若當時我不去計較那一個斑點，現在我的手裡還會攥著一顆美麗的珍珠啊。」

像這種過分苛求完美的人，其本身就算不上完美，因為他不知道，「金無足赤，人無完人」，過分地去苛求完美，到頭來就只能使自己什麼也難以得到，反而會變成一個離群索居的孤家寡人。更何況，人生宛若一支球隊，最優秀的球隊也會丟分，最差勁的球隊也有過輝煌的時刻。在一個團隊中，我們追求的目的，就是要盡可能讓自己與他人保持協調，求大同存小異，取長補短，實現優勢互補，才能產生一加一大於二的整體效果。

一個對自己的命運感到很不如意的人死後，見到了上帝，於是祈求上帝改變自己下一輩子的命運。

上帝對他承諾：「如果你在世間找到一位對自己命運心滿意足的人，你的厄運即可結束。」

於是此人開始了尋找的歷程。一天，他來到皇宮，詢問高貴的天子是否對自己的命運滿意。天子嘆息道：「我雖貴為國君，卻日日寢食不安，時刻擔心自己的王位是否能長久，憂慮國家能否長治久安，還不如一個快活的流浪漢！」

這人又去詢問在陽光下曬著太陽的流浪人是否對自己的命運滿意，流浪人哈哈大笑：「你在開玩笑吧？我一天到晚食不果腹，怎麼可能對自己的命運滿意呢？」

就這樣，他走遍了世界的每個地方，被訪問之人說到自己的命運竟無一不搖頭嘆息，口出怨言。這人終有所悟，不再抱怨生活。

現實中，有許多人都過得不是很開心、很愜意，因為他們對環境總是存有這樣那樣的不滿，他們沒有看到自己幸福的一面。也許你會說：「我並非不滿，我只是指出還存在的問題而已。」其實，當你認定別人的過錯時，你的潛意識已經讓你感到不滿了，你的內心已不再平靜了，你甚至不能容忍他人的某些生活習慣。如此，你的心思完全專注於外物了，你失去了自我存在的精神生活，你不知不覺地迷失了生活應該堅持的方向，苛刻掩住了你寬厚仁愛的本性。

智者叮嚀

學會包容別人，容許個性差異的存在，在合作中才會避免排他性，做一個被社會接納的、擁有快樂、幸福的人。

團結就是力量

團結是靠力量和思想的集中，透過接受和珍惜各種人的價值和每人的獨特貢獻，以及彼此忠誠且恪盡職守來維繫的。在我們的現實生活當中，無論做任何事情，都離不開團結。失去了團結，就失去了成就事業的力量，就失去了做好事業的向心力與凝聚力。

俗話說：「團結力量大。」不論遇到任何困難，一個人孤軍作戰的力量是微不足道的，而眾人團結一致，齊心協力，就一定能克服困難，取得最後的勝利。

《伊索寓言》中有一個故事，說的是從前有一個老農，家裡有十個兒子，個個都是響噹噹的好漢。可是，他的十個兒子卻非常不團結。每天不是小兒子和大兒子吵架，就是大兒子和小兒子吵架。日子過得特別的不舒心，家庭關係也極度惡化。為此這個老農被氣得悲痛欲絕。

一天，他把十個兒子都叫到床前，給他們每人一根筷子，叫他們折斷。每個兒子很輕鬆地把手中的筷子一折為二了。接著，這個老農又叫人拿來十根筷子將它們捆在一起，先讓大兒子用力折。大兒子用了最大的力氣也沒能把十根筷子折斷。父親便命令其他的兒子輪流折，可誰也折不斷。

接著，這個老農就告訴他們，同樣是十根筷子，為什麼一根很容易被折斷，十根捆在一起就折不斷的道理。他說，你們十兄弟就像這十根筷子，單獨的一根筷子不用費力就折斷了，可十根合在一起誰也折不斷。進而老農教育他們，兄弟要團結，不要分裂。這樣，才能形成一股力量，克服困難，保護自己，過好日子。從此以後，十兄弟心連心，團結如一人，這個家庭也越來越興旺發達。

由此可見，每個人的力量是有限的，但是我們把每個人的力量凝聚在一起，它就是強大無比的。而我們要把這股力量團結好，就得依靠團隊的凝聚力，只有如此，才能創造出效益，才能創造出成績。蚍蜉雖小，卻能撼樹，它憑的是什麼？憑的就是成千上萬的蚍蜉，憑的就是團結的力量。

在南美洲的一個草原上，生物學家發現了一件驚人的事：在一片草原上發現了一些零零碎碎的木頭。經過生物學家調查後才知道這裡原來曾經是一間木屋，而木屋卻是被上百萬隻的白蟻給侵蝕掉的。

我們都明白「一支筷子容易折，十支筷子折不斷」、「一個籬笆三個樁，一個好漢三個幫」這些近乎淺顯的道理，它們無一不體現了團結就是力量的道理。在我們的現實生活當中，無論幹任何事情，都離不開團結。失去了團結，就失去了成就事業的力量，就失去了做好事業的向心力與凝聚力。

在遼闊的草原上住著三頭強壯的公牛，他們是紅牛、黑牛、黃牛三兄弟，他們三兄弟經常在一起遊戲，互相幫助，互相依靠，生活得非常快樂。

有一天，草原上來了一頭獅子，牠已經走了很長一段時間，好幾天都沒有吃東西了，覺得非常餓。一看到這三頭牛，口水都快要流出來了，於是趁牠們不注意時便向他們撲了過去。

三兄弟見了連忙圍成一個圈，等待著來襲擊他們的獅子。獅子猛衝過去，只見紅牛把自己的角向外，對著獅子一挑，一下子就把獅子頂出老遠，獅子想從別的地方進攻，可黑牛和黃牛都瞪大了眼睛惡狠狠地看著他，獅子只好灰溜溜地走了。

獅子沒有吃到牛肉，又怎麼可能甘休呢？牠終於想出了一個好辦法，獅子決定在牠們三兄弟之間挑撥離間。一天，趁三兄弟不在一起的時候，獅子便來到黑牛身邊，問黑牛誰的力氣最大，黑牛回答應該是自己，獅子連忙說：「那就奇怪了，紅牛說他的力氣最大，那天要不是牠把我頂飛，你們都會被吃掉的。」黑牛聽了，火冒三丈，下定決心再也不理睬紅牛了。

獅子見牠上了當，連忙跑到紅牛面前，說：「黑牛說那天如果讓牠來頂我會比你做得更好，牠還說自己的力氣是最大的。」紅牛聽了氣急敗壞，決心不理黑牛了。

最後，獅子又來到黃牛面前，對他說：「黑牛和紅牛說你是膽小鬼，還說你那天嚇得發抖呢。」

獅子剛說完，憤怒的黃牛就衝到了紅牛、黑牛面前，二話不說，就跟他們打了起來。就這樣，牠們扭成了一團，整整鬥了一天。終於，三兄弟筋疲力盡了，躺在地上直喘氣。獅子見自己的計謀得逞了，沒費半點力氣，就把三頭牛咬死了。

在生活中也是這樣，自己力所不及的，就要團結身邊可團結的力量，從而達到目的。比如拔河比賽，憑著一個人的力量是不可能完成的，只有全隊的人一齊用力才有可能獲得勝利。

智者叮嚀

一滴水可閃閃發光，晶瑩如珠，可是一經風吹日曬，馬上會乾涸，會消失得無影無蹤。一個人只有當他把自己和集體事業融合在一起的時候，才能有力量！

有凝聚力才有競爭力

凝聚力是指團隊對成員的吸引力，成員對團隊的向心力，以及團隊成員之間的相互吸引。團隊的凝聚力不僅是維持團隊存在的必要條件，而且對團隊潛能的發揮有重要作用。一個團體如果失去了凝聚力，就不可能完成組織賦予的任務，本身也就失去了存在的條件。

有人問香港首富李嘉誠，在二十一世紀的企業經營中，最具競爭力的東西是什麼？李嘉誠毫不猶豫地說：凝聚力！為什麼說凝聚力是新時期最具競爭力的東西呢？因為，這個時代，是一個追求個人價值實現與團隊績效雙贏的時代。

如果沒有凝聚力，個人的價值不但無法在團隊中得到實現，整個企業也將難以為繼，並呈現出低效率的現象。幾乎每一個倒下去的企業最後的狀態無不是人心渙散，威信全無，不但產品銷售不出去，銀行的貸款也無法獲得。雖說這種可怕的現象並不是一朝一夕形成的，但凝聚力的缺乏卻是加速企業衰亡的主要原因。

相反，一個凝聚力高的團隊往往會呈現這樣的特徵：團隊成員歸屬感強，做事認真並不斷有創新行為，願意參加團隊活動並承擔團隊工作中的相關責任，維護團隊利益和榮譽；成員之間資訊溝通快，關係和諧，並具有極強的民主氣氛。

阿姆科公司是一家從事鋼鐵行業的企業，在鋼鐵業逐漸成為「夕陽工業」以後，它的日子開始很不好過。對此，該公司的老闆吉姆・威爾有過很深刻的體驗。他認為，要想扭轉這種局勢就必須增強員工間的凝聚力。

在這種情形下，威爾開始進行根本性的改革以挽救公司。他的一項最重要的措施就是：「非讓每個人都來參加改革不可」。這不是一句宣傳性的改革口號，而是威爾在整治企業的過程中切身體會到的最緊迫問題。有一次他把心理學家請進公司，派他們到業績最好的工廠去，請他們找出工廠裡實現成功的真正帶頭人，弄清成績應歸功於誰。結果令他驚奇的是，心理學家們回來竟說：「工廠裡沒有帶頭人。」

威爾不信：「什麼，在我們最賺錢的、為顧客服務最出色的工廠裡竟然沒有帶頭人？」

心理學家們說：「對。工廠裡有我們前所未見的最佳團隊。所有的人都在互相合作。每一個人都把功勞歸於別人。沒有整個團隊什麼也做不成。」

可見，一個業績最好的工廠，也是一個凝聚力最高的地方。在這種環境中，大家都懷抱著相互合作的意識和心態，認識到合作的價值和意義，也知道唯有合作才能實現共贏，不合作大家都將遭受損失。並且，每個成員都甘於為集體、為團隊的共同目標和遠景放棄自我，全身心地投入並奉獻自己的聰明才智。

在這個團隊中，沒有誰是做得最好的，也無須帶頭人，團隊的勝利就是他們大家的勝利，團隊的光榮就是他們大家的光榮。

其實，團隊的凝聚力所強調的並不是追求大同，抹殺差異，而是要有一個核心，並圍繞這個核心，發揮每一個部分、每一個個體的優勢，形成一個和諧統一的整體。聯想集團的「項鏈理論」認為，對企業而言，每一個人才就像一顆顆晶瑩圓潤的珍珠，企業不但要把最大最好的珍珠買回來，而且要有自己的「一條線」，能夠把這一顆顆零散的珍珠串起來，共同串成一條精美的項鏈。如果沒有這條線，珍珠再大、再多還是一盤散沙，它們起的作用不過是以一當十的匹夫之勇。那麼，這條線是什麼呢？就是能把眾多珍珠凝聚在一起，步調一致，為了共同目標而奮發向上的團隊精神。

智者叮嚀

最好的團隊成員，最好的戰略目標，最好的發展空間，如果沒有凝聚力這種黏合劑，無法將這些優秀的人才組合在一起，更別說獲得共同的成功了。

成功離不開他人的鼓勵和支持

人的一生雖然短暫，但常會有磕磕碰碰，有哭有笑，有悲有喜，有成功更有失敗，並不是一帆風順。所以，無論我們做任何一件事情，都離不開別人的支持。當一個人的工作和生活出現不順當時，如果能得到鼓勵和支持，則是獲得了無價之寶。

英國作家蕭伯納有一句名言：「兩個人各自拿著一個蘋果，互相交換，每人仍然只有一個蘋果；兩個人各自擁有一個思想，互相交換，每個人就擁有兩個思想。」在競爭越來越激烈的現代社會中，一個人不可能完全憑藉自己的力量來完成某項事業，也不可能憑藉一個人的智慧獨自成功。因為，一個人無論多麼能幹、多麼聰明，多麼努力，如果沒有團隊的合作，也難以在某項事業上獲得偉大的成功。

微軟創始人比爾．蓋茲，可以說得上是一個絕頂聰明的人物，可他所取得的成就同樣也完全不是由他一個人所創造的。其中，對比爾．蓋茲的事業起了決定性幫助的人物當屬現任微軟總裁史蒂夫．鮑爾默（Steve Ballmer）。

眾所周知，比爾．蓋茲是一個電腦技術的天才，但這個開創了Windows視窗的軟體精英，在公司管理方面卻顯得手足無措，以致於微軟剛成立的時候，就陷入了重重危機。聰明的比爾．蓋茲知道，這主要是因為自己不懂得管理和經營所造成的。於是，他便想到了同是哈佛高材生的史蒂夫．鮑爾默。

史蒂夫．鮑爾默的父母是移居到美國的猶太人，父親來自瑞士，而母親則是一名原俄國皇家衛隊員的女兒。猶太人天生具有生意人的頭腦，這點在鮑爾默身上也不例外。鮑爾默知識面廣，反應敏捷，判斷準確，善於把握商機，是一個天生的好管家。更可貴的是，鮑爾默很早就開始了商業實踐。在高中時，鮑爾默就擔任了校籃球隊的經理人。當時的教練回憶說，鮑爾默是他當時見過的最好的經理人，球隊需要用的球和毛巾總是放在它們應該放的地方，他從那時起就是團隊精神的典範，因此，整個隊伍的狀態一直都非常好。由於受到猶太家庭的正統教育，鮑爾默從小就養成了忠誠的品質。

一九八〇年，當蓋茲在他的遊艇上以五萬美元的年薪，說服了當時就讀於史丹福大學商學院的鮑爾默加入微軟時，鮑爾默便成為了微軟第一位非技術學院畢業的受聘者。鮑爾默加入微軟後，他立刻將微軟當作自己的家，一做就是二十五年。

身材魁偉、習慣咬指甲、大嗓門、工作狂的鮑爾默的天賦之一就是善於聽取他人的意見，更加強調與對手的合作。和比爾・蓋茲相比，鮑爾默本人顯得更加隨意和開朗。外界評價說，儘管微軟在業界擁有霸主的聲望，但鮑爾默希望公司的形象能在企業界顯得更加親善化。有媒體分析，正是鮑爾默的性格決定了微軟形象的轉變。

與蓋茲不同的是，鮑爾默在生意上更強調和解，崇尚儒家的「和氣生財」。在鮑爾默就任CEO之際，微軟面臨著眾多的法律訴訟，使它的形象嚴重受損。在反壟斷訴訟中，微軟成了眾矢之的。美國證券交易委員會用了三年時間，調查微軟是否在上個世紀九〇年代中期，人為地抹平財務報表。對於這些，鮑爾默強調合作，很快與美國證券交易委員會達成和解協定。在鮑爾默管理微軟期間，微軟還與司法部就反壟斷案達成了和解，並且平息了其他由員工、客戶和競爭對手提起的訴訟。

正是因為鮑爾默有著驚人的管理天才，才使微軟漸漸地戰勝了一個個對手，擺脫了一個個困境，從而走向強大和輝煌。據有關資料顯示，自微軟公佈鮑爾默接任CEO後，微軟的財富就一直在直線上升。銷售額由二〇〇〇財年的兩百三十億美元漲到了二〇〇四財年的三百六十八億美元，其現金儲備也增長了兩倍。

有人說，蓋茲好比是一個精明的掌櫃，而鮑爾默則是一個忠實的管家，既為蓋茲管家也為他攬財，使微軟一步步走向了成功。他不僅僅成就了蓋茲的夢想，也成就了無數個微軟的千萬富翁……

在市場競爭越來越激烈的前提下，單打獨鬥的時代已經過去。沒有人，也不可能有人能依靠一己之力獲得某項事業的成功。因為任何的成功都不會是孤立產生的，即使聰明絕頂的人，也離不開他人的鼓勵和支持。

智者叮嚀

一個人無論多麼能幹、多麼聰明，多麼努力，如果沒有他人的支持和鼓勵，就難以在某項事業上獲得偉大的成功。

沒有精神支柱就等於沒有靈魂

一個人在困難面前、逆境中，始終能樂觀、堅強，一個人在百無聊中仍然有期望，那就是因為心中有希望——精神支柱。人有了支撐自己精神的支柱，人就有了寄託，有了工作、學習和生活的動力，甚至在極端的情況下，可以為自己的信仰獻出自己的生命。

團隊精神是企業的靈魂。沒有團隊精神的企業，就是一盤散沙；一個團隊沒有共同的價值觀，就不會有統一的意志、統一的行動，當然就不會有戰鬥力；一個企業沒有靈魂，就不會具有生命的活力。隨著社會競爭的加劇，任何企業都需要一種精神力量和共同的理想目標來凝聚人心，激發企業的生機和活力。一種積極向上、朝氣蓬勃、洋溢著時代氣息的企業精神，對於現代企業是十分重要的。

天上飛行的大雁，在春去秋來的飛行時，總是結隊為伴，隊形一會兒呈「一」字，一會兒呈「人」字。大雁為什麼要編隊飛行呢？原來，大雁編隊飛行能產生一種空氣動力學的作用，大雁編成「人」字隊形飛行，要比具有同樣能量而單獨飛行的大雁多飛七十％的路程，也就是說，編隊飛行的大雁能夠借用團隊的力量飛得更遠。

大雁的叫聲熱情十足，能給同伴鼓舞，大雁用叫聲鼓勵飛在前面的同伴，使團隊保持前進的信心。當一隻大雁脫隊時，會立刻感到獨自飛行的艱難遲緩，所以會很快回到隊伍中，繼續利用前一隻大雁造成的浮力飛行。

一個隊伍中最辛苦的是領頭雁。當領頭的大雁累了，會退到隊伍的側翼，另一隻大雁會取代它的位置，繼續領飛。當有大雁生病或受傷時，就會有兩隻大雁來協助和照料牠飛行，日夜不停地伴隨它的左右，直到牠康復或死亡，然後牠們再繼續追趕前面的隊伍。

那麼，大雁是憑藉什麼樣的精神支柱，憑藉什麼樣的團隊靈魂，與同伴生死與共、患難相助的呢？答案就是：結隊飛行不但能使它們飛得更遠，也能使牠們相互鼓舞，避免飛行的凶險，即使脫隊了也要趕緊追上，加入牠們的團隊之中。

透過大雁結伴飛行的事例，我們可以得出這樣的結論：無論是企業還是個人，具有精神支柱才有靈魂，才可能有力量。任何一支團隊，成員之間必須團結一致，才能無往而不勝。團隊行動的速度有多快，並不取決於團隊中走得最快的那個人，而是決定於走得最慢的那個人。正如我們所熟悉的「木桶原理」一樣，一個木桶的容量有多少，是由木桶中最短的那塊木板的長度決定的。

古時候，有一個螞蟻的窩遭到了蟒蛇的攻擊。蟻王在衛士的保護下來到宮殿外，只見一條巨蟒正用尾巴拍打峭壁上的螞蟻，躲藏不及的螞蟻無一例外地送掉了性命。

正當蟻王無計可施的時候，軍師把在外工作的數億隻螞蟻召集起來，指揮螞蟻爬上周圍的大樹，讓成團成團的螞蟻從樹上傾瀉下來，砸在巨蟒的身上，轉眼之間，巨蟒已經被螞蟻裹住，變成了一條「黑蟒」。巨蟒不停地擺動身子，雖然也壓死了不少螞蟻，但很快，動作就緩慢下來，因為數億隻螞蟻在撕咬牠，使牠渾身鮮血淋漓，最終因失血過多而死亡。

就這樣，一條堪稱龐然大物的巨蟒，竟不敵弱小如塵的螞蟻。牠們開始高高興興地將這一勝利之果扛回家。在數億隻螞蟻的齊聲用力下，居然並不費力地把巨蟒扛起來了。每一隻螞蟻都很賣力，然而，巨蟒卻沒有被挪動前移，因為雖然有近億隻螞蟻在用力，但這近億隻螞蟻的行動不協調，並沒有站在一條直線上，有的螞蟻向左走，有的向右走，有的向前走，有的則向後走。結果，表面上看到巨蟒的身體在挪動，實際上卻只是原地「擺動」。

於是軍師爬上大樹，告訴扛巨蟒的螞蟻：「大家記住，你們的目標是一致的，那就是把巨蟒扛回家。」統一了大家的目標，又找來全螞蟻國嗓門最高的一百隻螞蟻，讓他們站成一排，整齊地揮動小旗，統一指揮前進的方向。

這一招立即見效，螞蟻們很快將巨蟒拖成一條直線。然後，在指揮者們的統一指揮下，螞蟻們邁著整齊的步伐前進，很快將巨蟒抬回了家。

為什麼數億隻螞蟻能扛得起巨蟒，卻不能使巨蟒被挪動前移？原來，這裡面有一種更深的團隊精神蘊藏其中。那就是步調一致，因為，在一個團隊或一個企業當中，固然需要長而有力的精神支柱，要有不怕死的螞蟻衝鋒陷陣，但如果步調不一致，用力的方向不一樣，那麼，再大的力量也無用。反而會形成互相牽扯、互相制約的局面，難以形成一股合力，達到一個共同的目標。

智者叮嚀

精神支柱由個人內心所支配，寄託於不同的人或物，或某精神物質。於是，人會因此產生動力，有衝勁，為達目標去奮鬥，去努力。

大都會文化圖書目錄

●度小月系列

路邊攤賺大錢【搶錢篇】	280 元	路邊攤賺大錢 2【奇蹟篇】	280 元
路邊攤賺大錢 3【致富篇】	280 元	路邊攤賺大錢 4【飾品配件篇】	280 元
路邊攤賺大錢 5【清涼美食篇】	280 元	路邊攤賺大錢 6【異國美食篇】	280 元
路邊攤賺大錢 7【元氣早餐篇】	280 元	路邊攤賺大錢 8【養生進補篇】	280 元
路邊攤賺大錢 9【加盟篇】	280 元	路邊攤賺大錢 10【中部搶錢篇】	280 元
路邊攤賺大錢 11【賺翻篇】	280 元	路邊攤賺大錢 12【大排長龍篇】	280 元
路邊攤賺大錢 13【人氣推薦篇】	280 元		

● DIY 系列

路邊攤美食 DIY	220 元	嚴選台灣小吃 DIY	220 元
路邊攤超人氣小吃 DIY	220 元	路邊攤紅不讓美食 DIY	220 元
路邊攤流行冰品 DIY	220 元	路邊攤排隊美食 DIY	220 元
把健康吃進肚子─ 40 道輕食料理 easy 做	250 元		

●流行瘋系列

跟著偶像 FUN 韓假	260 元	女人百分百─男人心中的最愛	180 元
哈利波特魔法學院	160 元	韓式愛美大作戰	240 元
下一個偶像就是你	180 元	芙蓉美人泡澡術	220 元
Men 力四射─型男教戰手冊	250 元	男體使用手冊－35 歲$^{+}$♂保健之道	250 元
想分手？這樣做就對了！	180 元		

●生活大師系列

遠離過敏─打造健康的居家環境	280 元	這樣泡澡最健康─紓壓．排毒．瘦身三部曲	220 元
兩岸用語快譯通	220 元	台灣珍奇廟─發財開運祈福路	280 元
魅力野溪溫泉大發見	260 元	寵愛你的肌膚─從手工香皂開始	260 元
舞動燭光─手工蠟燭的綺麗世界	280 元	空間也需要好味道─打造天然香氛的 68 個妙招	260 元
雞尾酒的微醺世界─調出你的私房 Lounge Bar 風情	250 元	野外泡湯趣─魅力野溪溫泉大發見	260 元
肌膚也需要放輕鬆─徜徉天然風的 43 項舒壓體驗	260 元	辦公室也能做瑜珈─上班族的紓壓活力操	220 元

別再説妳不懂車— 男人不教的 Know How	249 元	一國兩字—兩岸用語快譯通	200 元
宅典	288 元	超省錢浪漫婚禮	250 元
旅行，從廟口開始	280 元		

●寵物當家系列

Smart 養狗寶典	380 元	Smart 養貓寶典	380 元
貓咪玩具魔法 DIY— 讓牠快樂起舞的 55 種方法	220 元	愛犬造型魔法書一讓你的寶貝漂亮一下	260 元
漂亮寶貝在你家一寵物流行精品 DIY	220 元	我的陽光 · 我的寶貝一寵物真情物語	220 元
我家有隻麝香豬一養豬完全攻略	220 元	SMART 養狗寶典（平裝版）	250 元
生肖星座招財狗	200 元	SMART 養貓寶典（平裝版）	250 元
SMART 養兔寶典	280 元	熱帶魚寶典	350 元
Good Dog—聰明飼主的愛犬訓練手冊	250 元	愛犬特訓班	280 元

●人物誌系列

現代灰姑娘	199 元	黛安娜傳	360 元
船上的 365 天	360 元	優雅與狂野一威廉王子	260 元
走出城堡的王子	160 元	殤逝的英格蘭玫瑰	260 元
貝克漢與維多利亞一新皇族的真實人生	280 元	幸運的孩子一布希王朝的真實故事	250 元
瑪丹娜一流行天后的真實畫像	280 元	紅塵歲月一三毛的生命戀歌	250 元
風華再現一金庸傳	260 元	俠骨柔情一古龍的今生今世	250 元
她從海上來一張愛玲情愛傳奇	250 元	從間諜到總統一普丁傳奇	250 元
脱下斗篷的哈利—丹尼爾 · 雷德克里夫	220 元	蜕變—章子怡的成長紀實	260 元
強尼戴普— 可以狂放叛逆，也可以柔情感性	280 元	棋聖 吳清源	280 元
華人十大富豪—他們背後的故事	250 元	世界十大富豪—他們背後的故事	250 元

●心靈特區系列

每一片刻都是重生	220 元	給大腦洗個澡	220 元
成功方與圓一改變一生的處世智慧	220 元	轉個彎路更寬	199 元
課本上學不到的 33 條人生經驗	149 元	絕對管用的 38 條職場致勝法則	149 元
從窮人進化到富人的 29 條處事智慧	149 元	成長三部曲	299 元
心態—成功的人就是和你不一樣	180 元	當成功遇見你—迎向陽光的信心與勇氣	180 元
改變，做對的事	180 元	智慧沙	199 元（原價 300 元）

課堂上學不到的 100 條人生經驗	199 元（原價 300 元）	不可不防的 13 種人	199 元（原價 300 元）
不可不知的職場叢林法則	199 元（原價 300 元）	打開心裡的門窗	200 元
不可不慎的面子問題	199 元（原價 300 元）	交心—別讓誤會成為拓展人脈的絆腳石	199 元
方圓道	199 元	12 天改變一生	199 元（原價 280 元）
氣度決定寬度	220 元	轉念—扭轉逆境的智慧	220 元
氣度決定寬度 2	220 元	逆轉勝—發現在逆境中成長的智慧	199 元（原價 300 元）
智慧沙 2	199 元	好心態，好自在	220 元
生活是一種態度	220 元	要做事，先做人	220 元

● SUCCESS 系列

七大狂銷戰略	220 元	打造一整年的好業績—店面經營的 72 堂課	200 元
超級記憶術—改變一生的學習方式	199 元	管理的鋼盔—商戰存活與突圍的 25 個必勝錦囊	200 元
搞什麼行銷— 152 個商戰關鍵報告	220 元	精明人聰明人明白人—態度決定你的成敗	200 元
人脈 = 錢脈—改變一生的人際關係經營術	180 元	週一清晨的領導課	160 元
搶救貧窮大作戰？ 48 條絕對法則	220 元	搜驚 · 搜精 · 搜金 —從 Google 的致富傳奇中，你學到了什麼？	199 元
絕對中國製造的 58 個管理智慧	200 元	客人在哪裡？—決定你業績倍增的關鍵細節	200 元
殺出紅海—漂亮勝出的 104 個商戰奇謀	220 元	商戰奇謀 36 計—現代企業生存寶典 I	180 元
商戰奇謀 36 計—現代企業生存寶典 II	180 元	商戰奇謀 36 計—現代企業生存寶典 III	180 元
幸福家庭的理財計畫	250 元	巨賈定律—商戰奇謀 36 計	498 元
有錢真好！輕鬆理財的 10 種態度	200 元	創意決定優勢	180 元
我在華爾街的日子	220 元	贏在關係—勇闖職場的人際關係經營術	180 元
買單！一次就搞定的談判技巧	199 元（原價 300 元）	你在說什麼？—39 歲前一定要學會的 66 種溝通技巧	220 元
與失敗有約 —13 張讓你遠離成功的入場券	220 元	職場 AQ —激化你的工作 DNA	220 元
智取—商場上一定要知道的 55 件事	220 元	鏢局—現代企業的江湖式生存	220 元
到中國開店正夯《餐飲休閒篇》	250 元	勝出！—抓住富人的 58 個黃金錦囊	220 元
搶賺人民幣的金雞母	250 元	創造價值—讓自己升值的 13 個秘訣	220 元
李嘉誠談做人做事做生意	220 元	超級記憶術（紀念版）	199 元
執行力—現代企業的江湖式生存	220 元	打造一整年的好業績—店面經營的 72 堂課（二版）	220 元

週一清晨的領導課（二版）	199 元	把生意做大	220 元
李嘉誠再談做人做事做生意	220 元		

●都會健康館系列

秋養生一二十四節氣養生經	220 元	春養生一二十四節氣養生經	220 元
夏養生一二十四節氣養生經	220 元	冬養生一二十四節氣養生經	220 元
春夏秋冬養生套書	699 元（原價 880 元）	寒天一 0 卡路里的健康瘦身新主張	200 元
地中海纖體美人湯飲	220 元	居家急救百科	399 元（原價 550 元）
病由心生一 365 天的健康生活方式	220 元	輕盈食尚一健康腸道的排毒食方	220 元
樂活，慢活，愛生活一健康原味生活 501 種方式	250 元	24 節氣養生食方	250 元
24 節氣養生藥方	250 元	元氣生活一日の舒暢活力	180 元
元氣生活一夜の平靜作息	180 元	自療一馬悅凌教你管好自己的健康	250 元
居家急救百科（平裝）	299 元	秋養生一二十四節氣養生經	220 元
冬養生一二十四節氣養生經	220 元	春養生一二十四節氣養生經	220 元
夏養生一二十四節氣養生經	220 元	遠離過敏一打造健康的居家環境	280 元

● CHOICE 系列

入侵鹿耳門	280 元	蒲公英與我一聽我說說書	220 元
入侵鹿耳門（新版）	199 元	舊時月色（上輯＋下輯）	各 180 元
清塘荷韻	280 元	飲食男女	200 元
梅朝榮品諸葛亮	280 元	老子的部落格	250 元
孔子的部落格	250 元	翡冷翠山居閒話	250 元
大智若愚	250 元	野草	250 元

● FORTH 系列

印度流浪記一滌盡塵俗的心之旅	220 元	胡同面孔一　古都北京的人文旅行地圖	280 元
尋訪失落的香格里拉	240 元	今天不飛一空姐的私旅圖	220 元
紐西蘭奇異國	200 元	從古都到香格里拉	399 元
馬力歐帶你瘋台灣	250 元	瑪杜莎艷遇鮮境	180 元

●大旗藏史館

大清皇權遊戲	250 元	大清后妃傳奇	250 元
大清官宦沉浮	250 元	大清才子命運	250 元
開國大帝	220 元	圖說歷史故事一先秦	250 元

圖說歷史故事—秦漢魏晉南北朝	250 元	圖說歷史故事—隋唐五代兩宋	250 元
圖說歷史故事—元明清	250 元	中華歷代戰神	220 元
圖說歷史故事全集	880 元（原價 1000 元）	人類簡史—我們這三百萬年	280 元

●大都會運動館

野外求生寶典—活命的必要裝備與技能	260 元	攀岩寶典—安全攀登的入門技巧與實用裝備	260 元
風浪板寶典—駕馭的駕馭的入門指南與技術提升	260 元	登山車寶典—鐵馬騎士的駕馭技術與實用裝備	260 元
馬術寶典—騎乘要訣與馬匹照護	350 元		

●大都會休閒館

賭城大贏家—逢賭必勝祕訣大揭露	240 元	旅遊達人—行遍天下的 109 個 Do & Don't	250 元
萬國旗之旅—輕鬆成為世界通	240 元		

●大都會手作館

樂活，從手作香皂開始	220 元	Home Spa & Bath —玩美女人肌膚的水嫩體驗	250 元

●世界風華館

環球國家地理 · 歐洲（黃金典藏版）	250 元	環球國家地理 · 亞洲 · 大洋洲（黃金典藏版）	250 元
環球國家地理 · 非洲 · 美洲 · 兩極（黃金典藏版）	250 元	中國國家地理 · 華北 · 華東（黃金典藏版）	250 元
中國國家地理 · 中南 · 西南（黃金典藏版）	250 元	中國國家地理 · 東北 · 西東 · 港澳（黃金典藏版）	250 元

● BEST 系列

人脈 = 錢脈—改變一生的人際關係經營術（典藏精裝版）	199 元	超級記憶術—改變一生的學習方式	220 元

● STORY 系列

失聯的飛行員——一封來自 30,000 英呎高空的信	220 元		

● FOCUS 系列

中國誠信報告	250 元	中國誠信的背後	250 元
誠信—中國誠信報告	250 元	龍行天下—中國製造未來十年新格局	250 元
金融海嘯中，那些人與事	280 元		

●禮物書系列

印象花園 梵谷	160 元	印象花園 莫內	160 元
印象花園 高更	160 元	印象花園 竇加	160 元
印象花園 雷諾瓦	160 元	印象花園 大衛	160 元
印象花園 畢卡索	160 元	印象花園 達文西	160 元
印象花園 米開朗基羅	160 元	印象花園 拉斐爾	160 元
印象花園 林布蘭特	160 元	印象花園 米勒	160 元
絮語說相思 情有獨鍾	200 元		

●精緻生活系列

女人窺心事	120 元	另類費洛蒙	180 元
花落	180 元		

● CITY MALL 系列

別懷疑！我就是馬克大夫	200 元	愛情詭話	170 元
唉呀！真尷尬	200 元	就是要賴在演藝	180 元

●親子教養系列

孩童完全自救寶盒（五書 + 五卡 + 四卷錄影帶）	3,490 元（特價 2,490 元）	孩童完全自救手冊—這時候你該怎麼辦（合訂本）	299 元
我家小孩愛看書—Happy 學習 easy go ！	200 元	天才少年的 5 種能力	280 元
哇塞！你身上有蟲！—學校忘了買、老師不敢教，史上最髒的科學書	250 元		

要做事，先做人

作　　者　劉碩彥

發 行 人　林敬彬
主　　編　楊安瑜
編　　輯　蔡穎如
美術編排　帛格有限公司
封面設計　曾竹君

出　　版　大都會文化事業有限公司 行政院新聞局北市業字第89號
發　　行　大都會文化事業有限公司
110台北市信義區基隆路一段432號4樓之9
讀者服務專線：(02)27235216
讀者服務傳真：(02)27235220
電子郵件信箱：metro@ms21.hinet.net
網　　　址：www.metrobook.com.tw

郵政劃撥　14050529 大都會文化事業有限公司
出版日期　2009年4月初版一刷
定　　價　220元
I S B N　978-986-6846-59-5
書　　號　Growth-028

Metropolitan Culture Enterprise Co., Ltd.
4F-9, Double Hero Bldg., 432, Keelung Rd., Sec. 1, Taipei 110, Taiwan
Tel:+886-2-2723-5216　Fax:+886-2-2723-5220
E-mail:metro@ms21.hinet.net
Web-site:www.metrobook.com.tw

大都會文化
METROPOLITAN CULTURE

國家圖書館出版品預行編目資料

要做事，先做人 / 劉碩彥著. -- 初版. -- 臺北市：
　大都會文化, 2009.4
　　面；　公分. --（Growth ; 028）

ISBN 978-986-6846-59-5 (平裝)

1. 修身　2. 生活指導

192.1　　98000045

大都會文化　讀者服務卡

書名：**要做事，先做人**

謝謝您選擇了這本書！期待您的支持與建議，讓我們能有更多聯繫與互動的機會。

A. 您在何時購得本書：______年______月______日

B. 您在何處購得本書：____________書店，位於____________(市、縣)

C. 您從哪裡得知本書的消息：

1.□書店　2.□報章雜誌　3.□電台活動　4.□網路資訊

5.□書籤宣傳品等　6.□親友介紹　7.□書評　8.□其他

D. 您購買本書的動機：（可複選）

1.□對主題或內容感興趣　2.□工作需要　3.□生活需要

4.□自我進修　5.□內容為流行熱門話題　6.□其他

E. 您最喜歡本書的：（可複選）

1.□內容題材　2.□字體大小　3.□翻譯文筆　4.□封面　5.□編排方式　6.□其他

F. 您認為本書的封面：1.□非常出色　2.□普通　3.□毫不起眼　4.□其他

G. 您認為本書的編排：1.□非常出色　2.□普通　3.□毫不起眼　4.□其他

H. 您通常以哪些方式購書：(可複選)

1.□逛書店　2.□書展　3.□劃撥郵購　4.□團體訂購　5.□網路購書　6.□其他

I. 您希望我們出版哪類書籍：（可複選）

1.□旅遊　2.□流行文化　3.□生活休閒　4.□美容保養　5.□散文小品

6.□科學新知　7.□藝術音樂　8.□致富理財　9.□工商企管　10.□科幻推理

11.□史哲類　12.□勵志傳記　13.□電影小說　14.□語言學習（_____語）

15.□幽默諧趣　16.□其他

J. 您對本書(系)的建議：

____

K. 您對本出版社的建議：

____

讀者小檔案

姓名：______________ 性別：□男　□女　生日：____年____月____日

年齡：□20歲以下 □21～30歲 □31～40歲 □41～50歲 □51歲以上

職業：1.□學生 2.□軍公教 3.□大眾傳播 4.□服務業 5.□金融業 6.□製造業

7.□資訊業 8.□自由業 9.□家管 10.□退休 11.□其他

學歷：□國小或以下 □國中 □高中／高職 □大學／大專 □研究所以上

通訊地址：________________________________

電話：（H）______________（O）______________ 傳真：______________

行動電話：______________ E-Mail：______________________

◎謝謝您購買本書，也歡迎您加入我們的會員，請上大都會文化網站 www.metrobook.com.tw 登錄您的資料。您將不定期收到最新圖書優惠資訊和電子報。

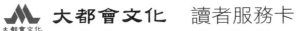

要做事，
先做人

北區郵政管理局
登記證北台字第9125號
免貼郵票

大都會文化事業有限公司
讀者服務部　收
110台北市基隆路一段432號4樓之9

寄回這張服務卡〔免貼郵票〕
您可以：
◎不定期收到最新出版訊息
◎參加各項回饋優惠活動

大都會文化
METROPOLITAN CULTURE

大都會文化
METROPOLITAN CULTURE